자동화 실무 사례로 배우는
구글 앱스 스크립트

자동화 실무 사례로 배우는 구글 앱스 스크립트

© 2023. 박용 All rights reserved.

1쇄 발행 2023년 7월 14일

지은이 박용
펴낸이 장성두
펴낸곳 주식회사 제이펍

출판신고 2009년 11월 10일 제406-2009-000087호
주소 경기도 파주시 회동길 159 3층 / **전화** 070-8201-9010 / **팩스** 02-6280-0405
홈페이지 www.jpub.kr / **투고** submit@jpub.kr / **독자문의** help@jpub.kr / **교재문의** textbook@jpub.kr

소통기획부 김정준, 이상복, 김은미, 송영화, 권유라, 송찬수, 박재인, 배인혜, 나준섭
소통지원부 민지환, 이승환, 김정미, 서세원 / **디자인부** 이민숙, 최병찬

기획 이상복 / **진행 및 교정·교열** 김은미 / **내지디자인** 이민숙 / **내지편집** 백지선 / **표지디자인** nuːn
용지 에스에이치페이퍼 / **인쇄** 한승문화사 / **제본** 일진제책사

ISBN 979-11-92987-02-6 (93000)
값 20,000원

제이펍은 독자 여러분의 아이디어와 원고를 기다리고 있습니다. 책으로 펴내고자 하는 아이디어나 원고가 있는 분께
서는 책의 간단한 개요와 차례, 구성과 지은이/옮긴이 약력 등을 메일(submit@jpub.kr)로 보내주세요.

대시보드, 이메일, 재고 관리 등 실전 프로젝트로 익히는 스프레드시트 & GAS 프로그래밍

자동화 실무 사례로 배우는
구글 앱스 스크립트

박용 지음

반복되는
시트 작업,
피할 수 없다면
코딩하라

업무 자동화
끝판왕 GAS
완전 정복

HTML
</>

1

Jpub
제이펍

PART 1   스프레드시트란?

CHAPTER 1   첫 번째 스프레드시트 파일 만들기   3

CHAPTER 2   셀에서 계산하고 데이터 다루기   9

CHAPTER 3   시트를 생성하고 다른 시트의 셀 참조하기   20

조웅기

데이터를 체계적으로 모으고 활용해 업무를 자동화하는 일은 IT 기업만의 핵심 과제가 아닌 생산성을 높이고자 하는 기업 모두에 요구되는 일입니다. 구글 워크스페이스는 MS 오피스와 같은 협업 도구입니다. 특히 구글 스프레드시트는 데이터를 관리하는 핵심 제품으로, 앱스 스크립트 기능과 결합해 업무의 생산성을 높여줍니다. 또한, 앱스 스크립트로 데이터를 관리하고 구글 워크스페이스와 연동한 다양한 자동화 사례를 보여줍니다. 스프레드시트를 모르는 사람부터 스크립트 언어를 이용할 수 있는 사람들까지 폭넓게 커버한다는 점이 이 책의 장점이자 단점인 듯합니다. 업무를 자동화할 수 있는 더 다양한 예제가 있었으면 더 좋았을 것 같습니다.

강현수(한성여자고등학교)

시중에 엑셀의 VBA를 다루는 도서는 많이 있지만 번역서를 제외하면 구글 앱스 스크립트를 체계적으로 다루는 도서는 거의 전무해 이 책의 출간은 많은 독자에게 반가운 소식이 될 것 같습니다. 문법이나 라이브러리를 설명하고 시각적으로도 넘버링이나 박스로 구성해 내용을 이해하는 데 도움이 됩니다. 다만 구글 앱스 스크립트를 구글 워크스페이스 전반에 걸쳐 다루지 못한 부분은 조금 아쉬움으로 남습니다.

머리말

개발을 업으로 삼고 일하다 학교 밖 청년들을 만나 IT 강의를 시작하게 되었습니다. 약 8년이라는 시간 동안 프로그래밍 강의를 했습니다. HTML, CSS, 자바스크립트, 그리고 파이썬까지 많은 강의를 해오면서 '어떻게 구성해야 더 좋은 강의를 할 수 있을까'에 대해 많은 고민을 했습니다. 많은 고민 끝에 생각해낸 방법은 다음과 같습니다.

첫 번째는 실생활과 밀접해야 한다는 것입니다. 프로그래밍은 반복적으로, 지속적으로 해야 실력이 좋아집니다. 그러기 위해서는 실생활과 관련한 주제와 도구를 사용해야 합니다.

두 번째는 프로그래밍에만 집중할 수 있어야 한다는 것입니다. 수업할 때 보면 대부분 학생이 프로그래밍을 하기 위한 소프트웨어 설치 및 설정과 도구를 다루는 것에 어려움을 느낍니다. 이러한 비생산적인 과정을 제거해야 합니다.

마지막으로 프로그램을 직접 만들어보는 학습 과정이 필요합니다. 프로그래밍 강의를 하면서 배울 때는 잘 따라오던 학생들이 혼자 프로그램을 개발하려고 하면 어려움을 느끼고 막막해한다는 것이 가장 큰 고민이었습니다. 프로그래밍을 배우기만 해서는 프로그램을 만들 수 없습니다. 영어를 배웠다고 해서 당장 영어로 에세이를 쓰거나 소설을 쓰지 못하는 것처럼 이론적으로 배우기만 해서는 프로그래밍을 할 수 없습니다. 이를 해결하고자 직접 프로그램을 만들 수 있도록 내용을 구성하고 프로그램 실습을 강조하는 방식으로 강의를 했습니다.

이 책에도 프로그래밍에 익숙해질 수 있도록 앞서 열거한 해결 방법을 최대한 녹이려고 노력했습니다. 앱스 스크립트를 프로그래밍 언어로 선택한 이유도 여기에 있습니다. 구글 워크스페이스는 바로 사용할 수 있어 실생활과 밀접하며 브라우저만 있으면 프로그래밍과 배포가 너무나 쉬워 프로그래밍을 하는 데에만 집중할 수 있기 때문입니다. 또한, 단순히 문법을 익히는 것이 아니라 프로그래밍에 필요한 개념을 익힐 수 있도록 구성해 더 좋은 프로그램을 작성하고 싶을 때 해당 기술을 언제 어떻게 써야 할지 파악하는 데 도움을 줄 것입니다.

프로그래밍을 처음 시작하거나 전문적으로 배워보지 못한 분, 당장 쓸 수 있는 프로그램을 만들고 싶은 분, 프로그램이 어떻게 개발되는지 맛보고 싶은 분 들에게 이 책을 권합니다.

출판을 제안해준 제이펍 장성두 대표님, 책의 퀄리티를 높여준 이상복 님, 김은미 님에게 감사의 말씀을 드립니다. 무엇보다도 책 집필에 기꺼이 시간을 내준 절대적인 내 사람, 김주홍 님에게 고맙다는 말을 하고 싶습니다.

박용

제이펍은 책에 대한 애정과 기술에 대한 열정이 뜨거운 베타리더의 도움으로
출간되는 모든 IT 전문서에 사전 검증을 시행하고 있습니다.

이 책에 대하여

'데이터 분석'이나 '업무 자동화'라는 용어를 들어본 적이 있나요? 최근 인공지능artificial intelligence, AI 등 IT에 관심이 높아지면서 데이터 분석과 업무 자동화라는 단어 또한 자주 언급되고 있습니다. 해당 기술들을 배우고자 알아보셨다면 '프로그래밍'이라는 용어도 접하셨을 겁니다.

데이터 분석이나 업무 자동화 프로그램을 시작할 때는 어떤 프로그램을 사용할 것인지가 매우 중요합니다. 데이터 분석이란 데이터를 모으고 수정하고 프로그래밍을 통해 분석 도구를 만드는 과정입니다. 업무 자동화 프로그램을 만들 때도 우리가 작성한 문서와 파일에 저장된 텍스트 및 데이터로 프로그래밍합니다. 데이터를 분석하고 프로그램을 만드는 과정에서 다른 도구들의 사용은 필수적입니다. 이때 선택한 도구 간 데이터 및 기능 연동이 편리해야 프로그램을 쉽게 만들 수 있습니다.

이러한 작업에 매우 좋은 도구가 있습니다. 바로 구글 워크스페이스Workspace입니다. 구글은 온라인 협업 도구 모음을 제공합니다. 구글 계정만 있다면 크롬 브라우저에서 무료로 문서Docs 및 스프레드 시트Spreadsheet, 프레젠테이션Presentation, 캘린더Calendar 등의 애플리케이션을 사용할 수 있습니다. 그중 스프레드시트는 데이터를 저장하고 연산할 때 사용하며 간단한 데이터 분석을 하기에 좋습니다. 스프레드시트에서 제공하는 다양한 함수를 사용하면 큰 데이터도 손쉽게 분석표나 차트로 만들 수 있습니다.

구글 워크스페이스 애플리케이션이 제공하는 프로그래밍 도구인 앱스 스크립트(앱 스크립트)Apps Script를 사용하면 매우 편리하게 도구 간 연동이 가능합니다. 또한, 브라우저와 인터넷 연결만 되어 있으면 다른 프로그램을 설치하지 않아도 바로 프로그래밍 작성 및 실행, 배포, 공유, 운영을 할 수 있습니다. 데이터 분석이나 업무 자동화를 하고 싶다면 앱스 스크립트가 좋은 선택지가 될 것입니다.

책의 구성

이 책은 총 4부로 구성했습니다. 1부는 스프레드시트의 기본적인 사용법을 간략히 다룹니다. 마이크로소프트 엑셀Microsoft Excel이나 스프레드시트를 다뤄본 적이 있다면 다음 장으로 넘어가도 좋습니다. 2부는 스프레드시트 데이터를 이용해 대시보드dashboard를 만듭니다. 회계 보고서를 만들면서 스프레드시트에서 제공하는 강력한 기능들과 데이터 분석을 하기 위한 과정을 알아봅니다. 3부는 앱스 스크립트를 이용해 이메일 발송 프로그램을 만듭니다. 프로그래밍에 필요한 기본 개념과 기초적인 문법뿐만 아니라 이메일 발송 프로그램을 직접 만들면서 스프레드시트와 앱스 스크립트 간 연동에 필요한 기능을 학습합니다. 4부에서는 구글 워크스페이스의 다양한 애플리케이션과 앱스 스크립트를 연동해 좀 더 큰 규모의 프로젝트들을 구현합니다. 여러 프로그램을 개발하면서 실제 프로그램을 만드는 과정을 익히는 것은 물론 다양한 라이브러리 활용법을 배울 수 있습니다.

이 책은 스프레드시트와 앱스 스크립트 기능을 익히는 것에서 그치지 않고 실제 프로그래밍의 프로세스를 익힐 수 있도록 구성했습니다. 프로그래밍을 배워봤다면 프로그램 만드는 것이 힘들었던 적이 있을 겁니다. 프로그래밍 개념은 배웠지만 프로그램을 만드는 방법은 모르기 때문입니다.

직접 프로그램을 만들 수 있도록 실제 프로그램을 만들어보면서 진행하였습니다. 또한, 현업에서 많이 사용하는 애자일agile 방법론을 이용해 반복적이고 점진적인 코드를 작성하면서 프로그램을 만들어보았습니다. 본격적인 프로그래밍이 시작되는 3부부터는 프로그램에 대한 설명, 구현하려고 하는 기능과 구조를 이야기하고 프로그래밍을 진행합니다. 이 과정은 무엇을 어떻게 만들지에 대한 이해를 도와 최종적으로 프로그램을 만드는 프로세스를 학습할 수 있도록 하기 위해서입니다.

숙련도에 따라 1부 혹은 바로 4부로 넘어가도 좋습니다. 책을 보며 진행할 때 차근차근 무엇을 만들고 어떻게 만들지를 생각하면서 프로그래밍해보길 바랍니다. 이제 구글 스프레드시트와 앱스 스크립트를 시작해보겠습니다!

1

스프레드시트란?

1부에서는 스프레드시트의 기본 사용법에 대해서 알아봅니다. 스프레드시트는 마이크로소프트 엑셀처럼 숫자, 연산, 데이터 처리에 도움을 주는 구글의 소프트웨어입니다. 구글 워크스페이스의 도구 중 하나로 브라우저에서 무료로 사용할 수 있으며 여러 명이 함께 작업하기에도 편리합니다. 이후 배울 앱스 스크립트처럼 스프레드시트를 사용해서 업무 자동화, 데이터 분석 등 우리만의 프로그램을 만들 수 있습니다.

스프레드시트를 처음 사용하더라도 엑셀을 사용해봤다면 개념과 기능이 유사해 쉽게 적응할 수 있을 것입니다. 지금부터 스프레드시트 파일을 만드는 것에서 시작해 기본 개념과 기능을 살펴보겠습니다.

● CHAPTER 1 ● 첫 번째 스프레드시트 파일 만들기

● CHAPTER 2 ● 셀에서 계산하고 데이터 다루기

● CHAPTER 3 ● 시트를 생성하고 다른 시트의 셀 참조하기

첫 번째 스프레드시트 파일 만들기

1.1 스프레드시트 파일 만들기

스프레드시트 파일을 만들려면 구글 계정이 있어야 합니다. 구글 계정이 없다면 구글 계정에 가입하고 크롬 브라우저를 다운로드 및 설치해야 합니다. **계정 만들기** ➡ **개인용**을 선택해 계정을 만들면 됩니다. 아니면 다음 URL로 접속해 계정을 만들 수 있습니다. [다음]을 클릭한 후 각 항목을 입력해 계정 만들기를 완료합니다.

URL https://accounts.google.com

구글 계정 만들기

구글에 가입했다면 크롬 브라우저를 다운로드 및 설치합니다. 크롬 브라우저는 다음 URL로 접속해 다운로드할 수 있습니다.

URL https://www.google.com/intl/ko/chrome

크롬 브라우저 다운로드하기

크롬 브라우저를 다운로드 및 설치했다면 브라우저를 실행한 후 구글 계정으로 로그인합니다. 브라우저 오른쪽 상단을 보면 메뉴로 지메일Gamil, 이미지, 바둑판 아이콘, 프로필 이미지 등이 배치되어 있습니다.

크롬 브라우저에서 구글 계정으로 로그인하기

⊞ ➡ **드라이브**를 클릭해 구글 드라이브로 이동합니다.

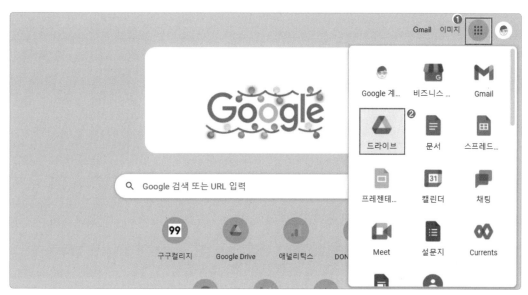

구글 드라이브 클릭하기

이제 스프레드시트 파일을 만들어보겠습니다. 드라이브 화면의 왼쪽 상단에 있는 (➕ 새로 만들기) 버튼을 클릭합니다.

구글 드라이브 화면

해당 버튼을 클릭하면 만들 수 있는 파일 종류가 나타납니다. **Google 스프레드시트**를 클릭하면 새로운 스프레드시트 파일이 만들어지고 시트 화면으로 이동합니다.

스프레드시트 파일 만들기

다음은 새로 생긴 스프레드시트 화면입니다.

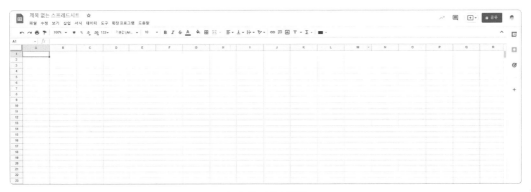

스프레드시트 화면

구글 드라이브로 스프레드시트를 만들면 원하는 폴더 위치에 스프레드시트를 만들 수 있어 가장 많이 사용하는 방법입니다. 하지만 어디에 저장되는지 상관없이 빠르게 스프레드시트를 만들고 싶다면 크롬 브라우저 주소창에 sheet.new를 적고 엔터 키를 누릅니다. 바로 스프레드시트가 만들어집니다.

주소창으로 스프레드시트 파일 만들기

화면 구성 둘러보기와 제목 변경하기

이제 기능을 하나씩 알아보겠습니다. 스프레드시트는 크게 상단, 본문, 하단, 우측으로 나눌 수 있습니다.

상단의 툴바 영역(❶)은 제목을 작성하는 부분과 스프레드시트의 메뉴, 자주 사용하는 기능으로 구성되었습니다. 상단의 우측은 파일의 상태와 협업할 때 자주 사용하는 기능이 있습니다. [공유] 버튼과 보기, 댓글을 확인할 수 있습니다. 본문 영역(❷)은 **시트**sheet라고 부릅니다. 데이터를 입력 및 수정, 삭제 그리고 연산을 할 수 있는 작업 영역입니다. 하단 영역(❸)은 시트(작업 영역)를 생성하고 수정, 삭제할 수 있는 기능을 제공합니다. 하단의 우측에는 구글에서 제공하는 인공지능 기능을 사용할 수 있는 탐색(Alt+Shift+X)이 있습니다. 우측 영역(❹)은 구글 워크스페이스의 다른 소프트웨어를 실행 및 추가할 수 있는 측면 패널로 구성되었습니다.

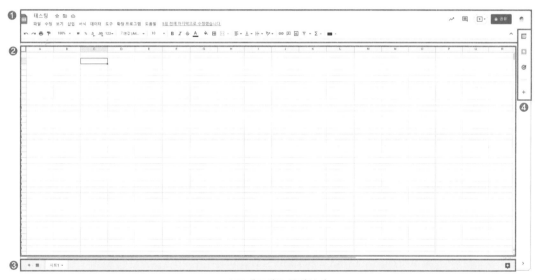

스프레드시트 둘러보기

파일의 제목을 '첫 번째 시트만들기'로 변경해보겠습니다. 좌측 상단의 '제목 없는 스프레드시트'를 클릭합니다. 해당 영역의 배경이 파란색으로 변경되는데, 이는 수정할 수 있는 영역을 알려주는 표시입니다.

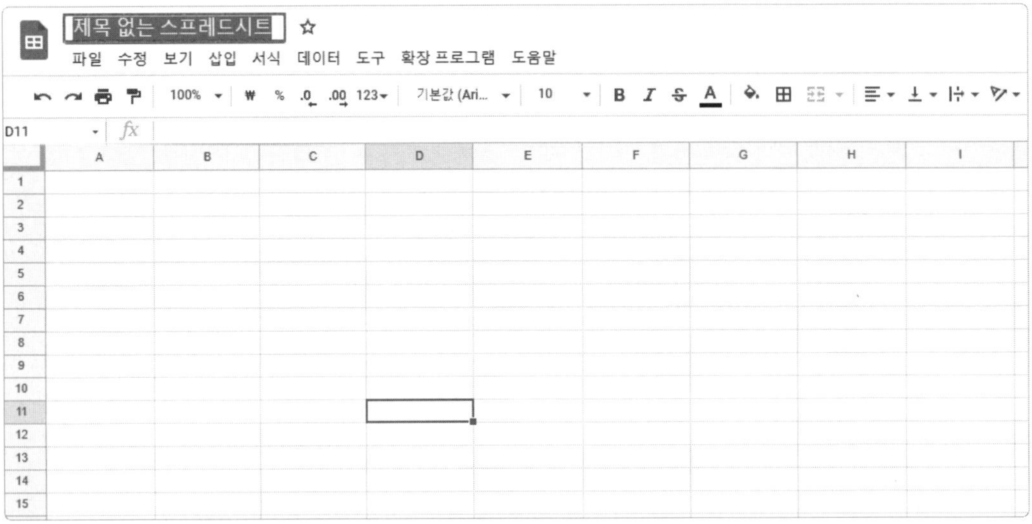

제목을 변경하기 전

원하는 제목을 작성한 후 엔터 키를 누르면 파일 제목이 변경됩니다. 지금은 '첫 번째 시트만들기'로 제목을 작성하겠습니다.

제목을 변경한 후

CHAPTER 2

셀에서 계산하고
데이터 다루기

스프레드시트를 사용할 때 알아야 할 기본 개념인 셀을 알아보겠습니다. 본문 영역인 시트를 보면 여러 개의 칸으로 구성되었는데, 스프레드시트에서는 칸을 **셀**cell이라고 합니다. 하나의 시트는 여러 개의 셀로 구성되었고 하나의 셀에 데이터 또는 수식을 입력할 수 있습니다.

셀을 다룰 때 중요한 점은 주소가 있다는 것입니다. **셀 주소**는 셀이 속한 열과 행을 합쳐서 부릅니다. 가장 첫 번째에 있는 셀의 주소는 A1입니다. 셀의 바깥쪽 위는 알파벳순으로 작성되었고 바깥쪽 왼쪽은 1부터 숫자가 나열되었습니다. 이를 기준으로 셀 주소를 확인할 수 있습니다. 이때, 알파벳은 열을 나타내고 숫자는 행을 표현합니다.

다음 그림에서 선택한 셀을 'A열'이라고 합니다. A1 셀 바로 위 'A'라고 쓰인 곳을 누르면 열 전체를 선택합니다.

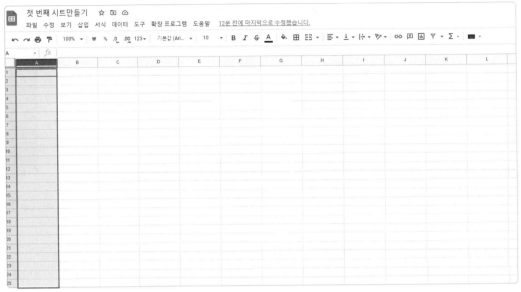

시트의 A열

다음 그림에서 선택한 영역은 '1행'을 나타냅니다. 마찬가지로 A1 셀 바로 왼쪽 '1'이라고 쓰인 곳을 누르면 행 전체를 선택할 수 있습니다.

시트의 1행

가장 첫 번째의 셀 주소는 'A1'입니다. 마우스로 셀을 클릭하면 파란색으로 하이라이트가 생깁니다.
해당 셀 이름은 시트 영역의 이름 상자(Ctrl+J)에서 확인할 수 있습니다.

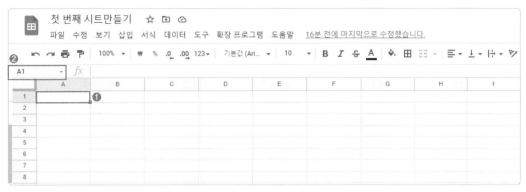

시트의 셀 주소 A1

스프레드시트에서 셀은 연산의 기본 단위이기 때문에 셀 주소를 아는 것이 매우 중요합니다. 이제 셀
주소를 어떻게 사용하는지 알아보겠습니다.

데이터 입력, 형태, 참조

셀에 데이터를 입력하겠습니다. 데이터를 입력하고 싶은 셀에 커서를 갖다 두고 마우스 왼쪽 버튼을
클릭하거나 더블 클릭한 후 원하는 데이터를 작성합니다. 이때 셀을 클릭하면 테두리가 파란색으로
변경되는데 클릭한 셀을 강조하는 기능입니다. 클릭한 셀이 헷갈린다면 파란색 테두리가 어디에 있는
지 찾아보면 됩니다.

숫자인 '10'을 A1에 입력하고 A2에는 '안녕하세요'를 입력합니다.

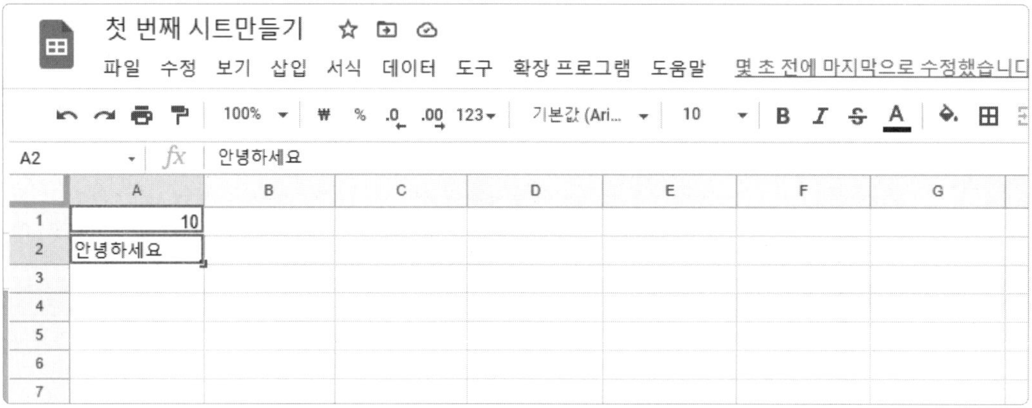

데이터 입력하기

시트에 숫자와 한글로 된 데이터를 입력했습니다. 스프레드시트에는 숫자뿐만 아니라 문자열(한글 또는 영어, 다양한 문자열)도 입력할 수 있습니다. 숫자의 경우에는 오른쪽 정렬, 문자열은 왼쪽 정렬이 기본으로 설정되었습니다. 데이터가 어느 쪽으로 정렬되었는지 확인하면 해당 데이터의 형태를 파악할 수 있습니다.

이번에는 셀에 데이터를 직접 입력하지 않고 셀 이름을 이용해 입력해보겠습니다. B1을 클릭하고 =a1을 입력한 후 엔터 키를 누릅니다.

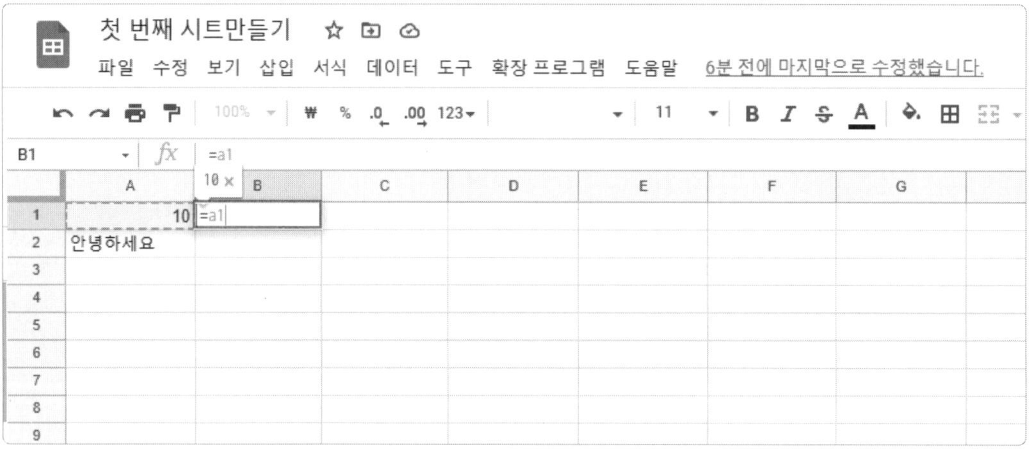

데이터 참조하기 ①

A1에 저장된 숫자 10이 B1에 똑같이 입력됩니다. 이처럼 다른 셀의 주소를 이용해 데이터를 입력하는 것을 **참조**한다고 합니다. 즉 B1은 A1을 참조한 것입니다. 참조 방식으로 데이터를 입력하면 데이터 값이 함께 변경됩니다. A1의 값이 변경되면 B1의 값도 자동으로 변경되는 것이죠.

셀에 표시되는 것만 보면 A1과 B1이 구별되지 않습니다. 참조인지 그냥 값인지 구별할 수 없습니다. 이때 B1을 클릭한 후 수식 영역 부분을 보면 10이 보이지 않고 A1을 참조한 수식이라는 것을 확인할 수 있습니다. 셀에 입력된 데이터를 변경하고 싶을 때는 클릭한 후에 데이터를 입력하거나 더블 클릭하면 됩니다.

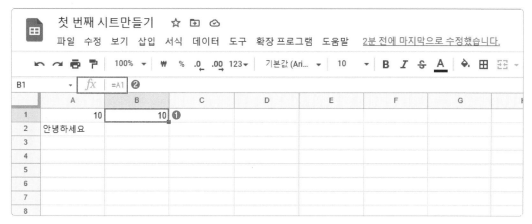

데이터 참조하기 ②

(2.2) 사칙연산을 하면서 수식 사용하기

입력된 데이터로 간단한 사칙연산을 하겠습니다. 수식을 사용하는 방법을 알 수 있습니다.

B2에 '10+100'의 결과를 알아봅시다. B2를 클릭한 후 =10+100을 입력하고 엔터 키를 클릭하면 결괏값 110이 나타납니다. 직접 데이터를 입력할 때를 제외하면 꼭 등호(=) 연산자를 입력해야 합니다.

덧셈 연산하기

셀 주소를 이용해 덧셈(+)을 해보겠습니다. C1에 A1과 B1을 합한 값을 표시합니다. C1을 클릭한 후 =A1+B1을 입력하면 결괏값으로 20이 나타납니다. 이처럼 값뿐만 아니라 셀 참조를 이용한 연산도 가능합니다. 셀을 참조할 때 참조된 셀의 테두리와 배경색을 보면 연산에 사용할 셀이 잘 지정되었는지 확인할 수 있습니다. 그리고 참조할 셀을 입력할 때 키보드로 직접 셀 주소를 입력해도 되지만 마우스 왼쪽 버튼으로 참조할 셀을 클릭하면 식에 자동으로 셀 주소가 작성되니 참고하세요.

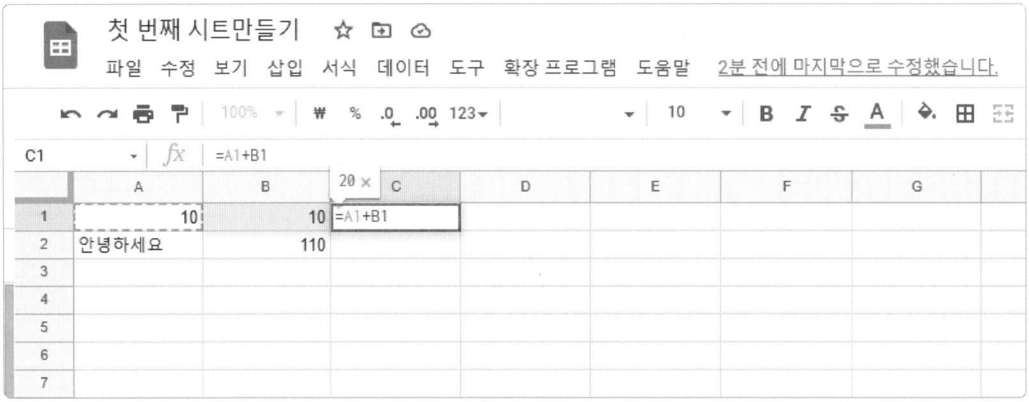

셀 참조를 이용한 덧셈 연산하기

이제 뺄셈(−)을 해보겠습니다. C2에 B2의 값 110에 5를 뺀 결과를 입력해봅시다. C2를 클릭한 후 =B2−5를 입력합니다. 결괏값 105가 출력됩니다.

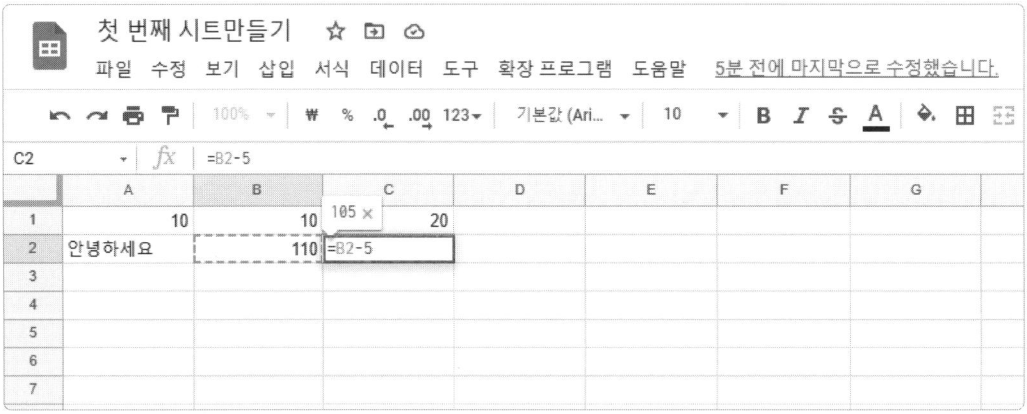

뺄셈 연산하기

다음은 곱셈(×)입니다. A1인 10에 B1인 10과 C1인 20을 곱한 값을 출력하도록 D1에 식을 작성하겠습니다. =A1*B1*C1을 입력하고 엔터 키를 누르면 결괏값으로 2000이 나타납니다. 곱하기를 할 때는 별(*) 표시를 사용합니다.

곱셈 연산하기

마지막으로 나눗셈(÷)입니다. D2에 B2인 110을 A1인 10으로 나눈 값을 입력하겠습니다. D2를 클릭한 후 =B2/A1을 입력하고 엔터 키를 누릅니다. 결괏값으로 11이 나타납니다. 나누기를 할 때는 슬래시(/) 표시를 사용합니다.

나눗셈 연산하기

지금까지 사칙연산을 하며 스프레드시트에서 연산하는 방법을 알아봤습니다. 다시 한번 말하지만 연산을 할 때는 먼저 = 연산자를 먼저 써야 한다는 점 기억하세요.

2.3 함수 사용하기

데이터가 많아지면 매번 수식으로 계산하는 게 불편합니다. 스프레드시트는 많이 사용하는 수식을 **함수** 형태로 제공합니다. 예를 들어 합계, 평균, 분산, 표준편차 등 통계 관련 기능이 있습니다. 단순한 함수들을 사용하며 방법을 익혀보겠습니다.

먼저 **sum** 함수를 사용해봅시다.[1] sum은 지정된 셀의 덧셈 값을 출력해주는 함수입니다. E1 셀을 클릭하고 =sum(A1:D1)을 입력한 후 엔터 키를 누르면 A1+B1+C1+D1을 더한 값인 **2040**이 출력됩니다.

sum 함수 사용하기

함수는 =와 함께 사용하는 함수 이름을 입력하고 ( ) 안에 함수에서 사용할 데이터를 알맞은 형태로 입력합니다. sum 함수는 ( ) 안에 A1:D1으로 범위를 입력했습니다. 연속된 셀은 A1:D1의 형태처럼 콜론(:)을 사용해 범위를 지정할 수 있습니다.

( ) 안에 작성하는 데이터 형태는 해당 함수의 도움말을 보면 확인할 수 있습니다. sum 함수의 도움말을 확인해보면 **값1, [값2,...]**를 입력하게 되어 있습니다. **값1**의 형태로 '더하려는 첫 번째 숫자 또는 범위입니다'라고 명시되었습니다. 즉 sum(1,2,3)처럼 쉼표를 사용하거나 sum(A1:D1)처럼 범위를 입력해 사용할 수도 있습니다. 이렇게 함수를 사용할 때는 이름과 괄호 안의 데이터 작성 규칙에 맞게 입력해야 정상적으로 연산 값을 얻을 수 있습니다.

참고로 함수의 도움말을 확인하고 싶을 때는 =와 함수 이름을 입력하고 (까지 입력하면 자동으로 도움말이 표시됩니다. 자동으로 표시되지 않을 때는 **?**를 클릭합니다. 도움말이 나타납니다. 상세한 내용

---

[1] 엑셀과 달리 구글 스프레드시트에서는 함수명에 대소문자를 섞어 쓸 수 있어 대문자로 자동 변환되지 않습니다. 이 책에서는 대소문자를 구분하지 않고 섞어서 쓰겠습니다.

을 보고 싶을 때는 도움말의 하단에 있는 **자세히 알아보기**를 클릭합니다.

sum 함수의 도움말 보기

이번에는 A1부터 E1의 평균값을 구해보겠습니다. 앞서 만든 시트에서 D1의 값을 2000에서 30으로 바꾸고 진행하겠습니다. 평균을 구할 때 사용하는 함수는 **average**입니다. average 함수의 도움말을 확인해보면 다음과 같습니다.

average 함수의 도움말 보기

도움말을 보면 괄호 안에 들어갈 셀 형태가 값도, 범위로도 가능합니다. A1부터 E1까지 :을 이용해 범위로 지정하겠습니다. F1에 =average(A1:E1)을 입력하고 엔터 키를 누르면 결괏값 28이 출력됩니다. 범위를 입력할 때 키보드로 직접 입력해도 되지만 마우스 왼쪽 버튼을 누른 채 A1에서 E1까지 드래그하면 자동으로 범위가 입력된다는 점도 기억해두세요.

average 함수 사용하기

스프레드시트에서 제공하는 함수는 다양합니다. 자주 사용하는 함수는 외워서 바로 사용하겠지만 그렇지 않은 경우는 상단 툴바의 메뉴인 Σ ▾ 에서 함수를 사용할 수 있습니다. 어떤 기능이 있는지 직접 확인해보길 바랍니다.

상단 툴바 함수

(2.4) 서식

스프레드시트에는 **데이터 형태**로 숫자와 문자열이 있습니다. 숫자는 서식을 지정할 수 있습니다. 예를 들어 숫자 10을 %(퍼센트) 혹은 통화(원, 달러)로 지정할 수 있습니다. 서식이 지정되면 해당 서식에 맞는 형태로 변합니다.

상단 메뉴에서 서식 지정하기

서식은 상단의 서식 메뉴나 툴바 영역에서 지정할 수 있습니다.

툴바에서 서식 지정하기

CHAPTER 3

시트를 생성하고
다른 시트의 셀 참조하기

스프레드시트는 하나의 파일에 여러 개의 시트를 생성할 수 있으며 다른 시트에 있는 셀도 참조할 수 있습니다. 시트를 생성하려면 하단 영역의 좌측에 있는 ⊞를 클릭합니다.

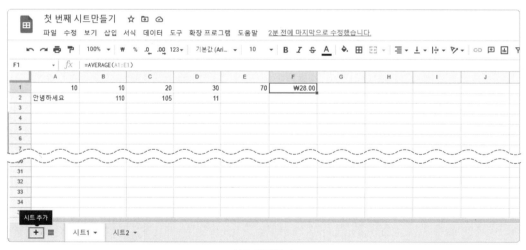

시트 생성하기

시트 이름을 수정하고 싶다면 시트 이름을 더블 클릭한 후 원하는 이름을 입력합니다.

시트 이름 수정하기

시트를 삭제하고 싶다면 해당 셀 이름에 마우스를 갖다 두고 마우스 오른쪽 버튼을 클릭한 후 **삭제**를 선택합니다. 또한, 시트의 위치를 변경하고 싶을 때는 시트 이름을 클릭하고 원하는 위치로 드래그합니다.

시트 삭제하기

이제 '시트2'의 A1에 값 1000을 입력한 후 시트1에서 해당 값을 참조하는 것을 해보겠습니다. 먼저 시트2의 A1에 1000을 입력합니다.

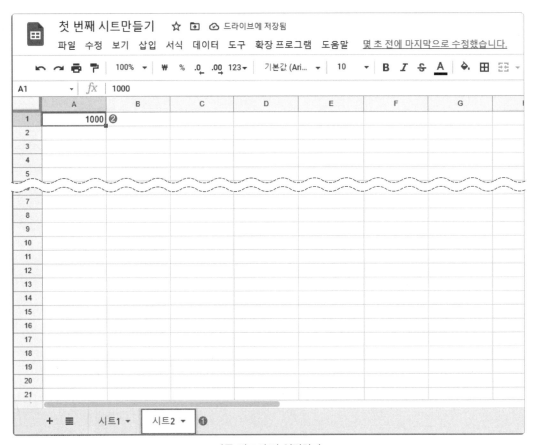

다른 시트의 값 입력하기

시트1의 A3에 시트2의 A1 값인 1000을 참조해봅시다. 시트1에서 시트3을 클릭한 후 ='시트2'!A1을 입력합니다. 시트2의 A1에 입력된 값인 1000이 출력됩니다. 다른 시트의 값을 참조할 때는 ='시트이름'!셀주소 순으로 입력합니다.

다른 시트의 값 참조하기

지금까지 스프레드시트를 사용할 때 알아야 할 기본 개념과 필수 기능의 사용 방법을 알아봤습니다. 엑셀을 사용한 적이 있다면 비슷하다고 느꼈을 것입니다. 실제로도 엑셀과 비슷해 스프레드시트를 처음 사용해도 빨리 적응할 수 있습니다.

다음 장부터는 엑셀과 차별화되는 스프레드시트 기능과 고급 기능을 활용해 대시보드를 만들어보면서 스프레드시트를 더 자세히 알아보겠습니다.

2

스프레드시트
활용하기

2부에서는 스프레드시트로 여러 개의 대시보드dashboard를 만들어보겠습니다. 지금부터 스프레드시트만의 차별화된 기능과 장점을 익혀봅시다. 또한, 데이터 분석에 필요한 프로세스와 방법을 살펴보고 해당 과정에서 사용할 수 있는 스프레드시트 기능과 활용 방법도 알아봅니다.

CHAPTER 4

데이터 분석 프로세스

일을 하거나 공부를 하다 보면 분석해야 하는 일이 생기기 마련입니다. 회사에서 진행하는 마케팅 효과를 분석하거나 매출을 분석할 수도 있습니다. 개인적으로는 주택관리비를 절약하고자 관리비의 분석도 가능합니다.

최근 **데이터 분석**이 주목받고 있습니다. 하지만 막상 데이터 분석을 시작하려고 하면 막막하고 어렵다고 느낄 수 있습니다. 이는 데이터 분석 프로세스에 익숙하지 않고 처음부터 너무 크고 복잡한 데이터를 다루려고 하기 때문입니다. 그리고 익숙하지 않은 도구로 시작한다는 점도 있습니다. 데이터 분석은 스프레드시트처럼 빨리 배울 수 있는 도구를 활용해 작은 데이터부터 분석을 시작하는 것이 좋습니다.

스프레드시트로 대시보드를 만들기 전 데이터 분석 프로세스를 간략하게 살펴보겠습니다.

1. **문제 정의 및 기획**: 1단계는 데이터 분석을 해야 하는 이유와 데이터 분석의 시작점이 됩니다. 예를 들어 온라인 쇼핑몰 매출 하락, 신규 회원 가입 추세 분석 등입니다. 데이터 분석을 해야 하는 목적과 목표를 정의하는 단계입니다. 문제 정의가 구체적일수록 좋습니다.

2. **데이터 수집**: 1단계에서 정의한 목표를 달성할 수 있는 데이터를 모으는 단계입니다. 기존 데이터가 존재하는지 확인하고 수집합니다. 데이터가 없다면 어떻게 데이터를 모을지 결정합니다. 외부

에서 구할 수 있는 데이터가 있다면 외부 데이터도 수집합니다.

3. **데이터 전처리**: 본격적으로 분석하기 전에 수집한 데이터가 올바른 형태와 값인지 점검하고 분석을 잘할 수 있는 형태와 값으로 변형하는 단계입니다. 데이터 분석 단계 중 가장 낯선 단계입니다. 분석을 잘할 수 있는 형태란 컴퓨터가 분석하기 쉬운 데이터 형태를 의미합니다.

4. **데이터 시각화 및 분석**: 데이터 분석을 위해 시각화를 먼저 하거나 분석한 후 시각화를 하기도 합니다. 간단하게 표나 차트를 그리는 것도 좋은 시각화 방법 중 하나입니다. 분석 단계에서는 다양한 통계 기법을 활용해 의미를 도출하며 간단한 평균을 구하는 것과 중간값을 구하는 것도 자주 사용합니다. 분석할 때 반드시 어려운 통계 기법을 사용하지 않아도 됩니다.

데이터 분석 프로세스를 간단히 알아봤는데, 더 자세한 내용은 이어지는 5장과 6장에서 다루겠습니다. 지금부터 여러 개의 대시보드를 프로세스에 맞게 진행하면서 구현합니다. 특히 2단계와 3단계, 4단계에서 주요 스프레드시트 기능을 활용하겠습니다. 해당 프로젝트들을 완성하면 데이터 분석을 이해하게 되고 스프레드시트를 자유자재로 활용할 능력도 얻을 수 있을 것입니다.

CHAPTER 5

간단한 회계 보고서
만들기

회계 정보가 담긴 스프레드시트에서 간단한 분석 보고서를 만들면서 데이터 분석 프로세스 및 스프레드시트 기능을 익혀봅시다. 특히 데이터 분석 프로세스 중 2단계인 **데이터 전처리** 과정에 중점을 두고 보고서를 만들겠습니다. 먼저 결과물을 보면서 어떤 내용이 있는지 알아보겠습니다.

5.1 결과물 이해하기

결과물은 2021년에 발생한 수익 및 비용, 이에 따른 이익 현황을 계산해 보여줍니다. 항목과 세부 항목별 수익/비용을 표로 나타내고 월별 후원 분석표와 차트를 포함합니다.

일반적으로 가공 없이 모은 원래 데이터를 **로우 데이터**raw data라고 하며, 이러한 데이터가 담긴 시트인 **로우 시트**raw sheet는 한 번의 거래에 대한 데이터 모음을 행으로 표현합니다.[1] 여기서 거래는 항목, 세부종목, 날짜, 금액, 수익/비용의 속성을 가지며 열로 표현합니다.

---

1 '로우 데이터'와 '로우 시트', 이후 등장하는 '피봇'은 표기법상 '로 데이터', '로 시트', '피벗'이 맞으나 이 책에서는 시트명과 메뉴명에 따라 표기했습니다.

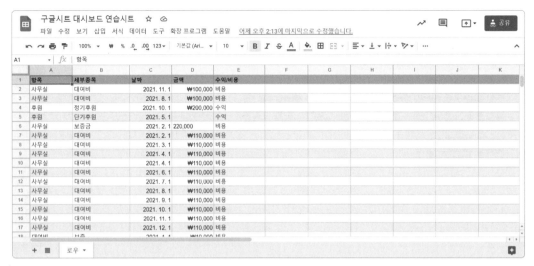

로우 시트

한 번의 거래가 이뤄질 때마다 하나의 행이 추가되는 방식으로 데이터를 저장합니다. 이런 식으로 열을 속성으로 표현하고 행 단위로 데이터를 적재하게 되면 이후 데이터 분석을 진행하기 편리합니다. 데이터를 분석할 때 사용하는 방법 및 프로그램이 기본적으로 앞선 방법, 형태로 데이터가 저장되었다고 가정하고 실행하기 때문입니다.

실제 결과물은 다음 URL에서 확인할 수 있습니다.

URL https://bit.ly/3NBaS6s

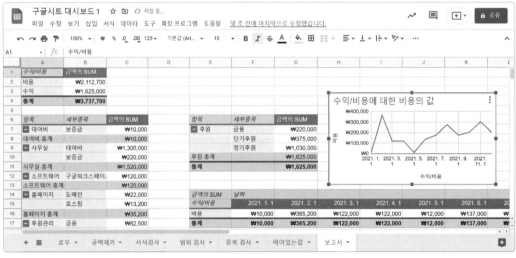

첫 번째 프로젝트 결과물인 최종 보고서

5.2 스프레드시트 사본 만들기

보고서 작업을 편하게 할 수 있도록 예제 파일을 복사해 사용하겠습니다. 구글 계정에 로그인한 후 다음 URL을 브라우저에 붙여 넣습니다.

URL https://bit.ly/3xTphCS

좌측 상단에 **파일 ➡ 사본 만들기**를 클릭하면 구글 드라이브에 예제 파일의 사본이 저장됩니다. 이제 해당 스프레드시트 파일에서 작업을 진행합니다. 파일명은 '구글시트 대시보드1'로 변경합니다.

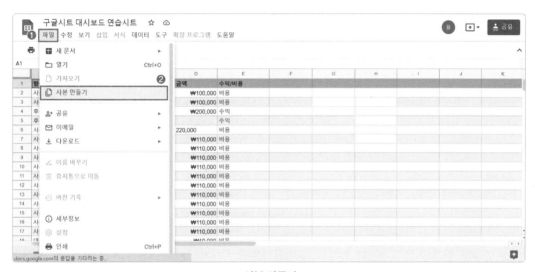

사본 만들기

5.3 공백 제거하기: TRIM

예제 파일이 준비되었다면 첫 번째로 진행할 데이터 전처리는 데이터에 공백이 있는지 검사하는 것입니다. 데이터에 스페이스처럼 눈에는 보이지 않는 문자가 들어 있다면 찾아서 제거해야 합니다. 눈으로 보기에는 같더라도 공백이 있으면 컴퓨터는 다른 값이라고 인식을 하기 때문에 반드시 진행해야 하는 과정입니다. 예를 들어 시트의 A1에 '비용'이 적혀 있고 A2에 '비용 '이 적혀 있다고 합시다. 눈으로 보면 모두 **비용**으로 보이지만 컴퓨터는 두 셀의 데이터를 다른 값으로 인식하게 되고, 이는 분석에 나쁜 영향을 미칠 수 있습니다. 공백을 제거하는 데 사용할 함수는 **TRIM**입니다. trim(A1)처럼 공백을 제거할 셀 주소를 명시해서 사용할 수도 있고, 또는 " "을 활용해 문자열을 바로 함수에 넘길 수도 있습니다.

지금부터 로우 시트에 바로 작업하지 않고 새로운 시트를 만들어 공백을 제거해보겠습니다. 원래 데이터는 그대로 두고 새로운 시트를 만들어 가공한 결과를 저장해야 이후 가공 처리가 잘못됐을 때 되돌리거나 다른 분석 작업을 할 때 좋습니다. 스프레드시트의 좌측 하단 ➕을 클릭해 새로운 시트를 만들고 이름을 '공백제거'로 변경합니다.

공백제거 시트 생성하기

trim 함수를 활용해 로우 시트에 저장된 데이터의 공백을 제거하는 작업을 진행하겠습니다. 공백제거 시트의 A1을 클릭한 후 =trim('로우'!A1)을 입력하고 엔터 키를 누릅니다. '로우'!A1은 로우 시트의 A1 셀을 참조한다는 의미입니다.

trim 함수 사용하기

공백이 제거된 값인 **항목**이 표시됩니다.

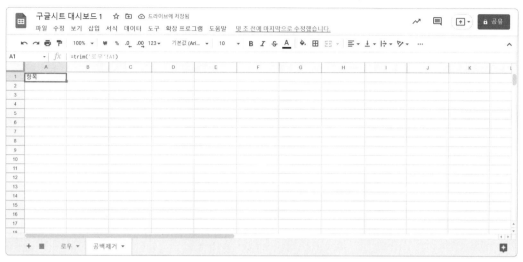

trim 함수를 사용한 결과 확인하기

로우 시트에 저장된 모든 데이터의 공백을 제거하는 작업이 남았습니다. B1부터 E1에 trim 함수를 직접 적어도 좋지만 마우스 드래그를 이용해 작업하겠습니다. 공백제거 시트의 A1 셀을 봅시다.

파란색 박스의 우측 하단에 마우스를 갖다 두면 + 모양으로 변경됩니다. 클릭한 상태에서 E열까지 드래그하면 각 열에 trim 함수가 적용된 데이터가 표시됩니다. 셀을 클릭해보면 열에 맞는 trim 함수가 작성된 것을 확인할 수 있습니다. 이는 스프레드시트에서 자동으로 계산해 알맞게 데이터를 변경해주는 기능입니다. 해당 기능을 잘 활용하면 함수를 매번 작성하지 않고 한 번만 작성한 후 드래그하면 되므로 매우 편리합니다.

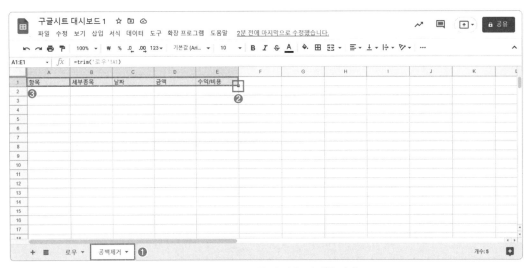

마우스 드래그를 이용해 값을 작성한 결과

이제 모든 행에 대해서 **trim** 함수가 적용되었습니다. 로우 시트를 보면 총 51개의 행이 있습니다. 공백제거 시트의 A1에서 마우스 왼쪽 버튼을 클릭해 E1까지 드래그한 상태에서 E1 오른쪽 하단의 네모 박스를 마우스 왼쪽 버튼으로 클릭한 후 51행까지 드래그합니다. 로우 시트에 **trim**이 적용된 값이 공백제거 시트에 표시됩니다.

	A	B	C	D	E
44	후원	단기후원	2021. 8. 1	₩50,000	수익
45	후원	정기후원	2021. 9. 1	₩140,000	수익
46	후원	정기후원	2021. 10. 1	₩140,000	수익
47	후원	정기후원	2021. 11. 1	₩140,000	수익
48	후원	정기후원	2021. 12. 1	₩140,000	수익
49	외주	금융	2021. 1. 1	₩220,000	수익
50	후원	단기후원	2021. 3. 1	₩100,000	수익
51	후원	단기후원	2021. 2. 1	₩100,000	수익

51행까지 trim 함수를 적용한 결과

trim 함수를 사용한 첫 번째 전처리 공백 제거 과정이 마무리되었습니다. 이처럼 스프레드시트에서 trim 함수를 사용할 수도 있지만 범위를 선택한 후 상단의 **데이터 ➡ 데이터 정리 ➡ 공백 제거**를 클릭해 진행할 수도 있습니다.

공백 제거 메뉴 활용하기

5.4 데이터 서식 검사하기

공백을 제거했다면 다음 전처리는 데이터 서식을 검사하고 알맞게 수정하는 것입니다. 숫자가 있어야 하는 곳에 문자가 있는 것은 아닌지 등의 데이터 형태를 검사하는 과정입니다. 잘못된 데이터 서식이 들어가 있으면 수식이 정상적으로 동작하지 않고 오류를 나타내기에 데이터의 서식을 검사하는 것도 반드시 필요한 과정 중 하나입니다.

이번에는 로우 시트를 복사해 새로운 시트를 만듭니다. 로우 시트에 마우스의 커서를 갖다 둔 후 오른쪽 버튼을 클릭합니다. 메뉴가 나타나면 **복사**를 클릭합니다. 복사한 시트의 이름은 '서식검사'로 변경합니다.

서식검사 시트의 모든 데이터를 선택하고 **데이터 ➡ 데이터 정리 ➡ 공백 제거**를 클릭해서 공백을 제거한 후 데이터 서식 검사를 진행합니다. 공백제거 시트에서 사용한 trim 함수는 공백을 제거하면서 데이터 형태를 문자열로 변경합니다. 숫자 또는 날짜와 같은 데이터 형태를 유지시키기 위해 공백제거 시트를 복사하지 않고 로우 시트를 복사해서 사용합니다.

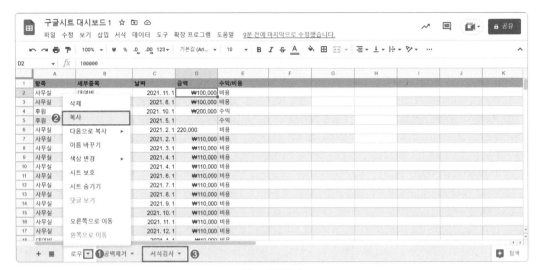

시트 복사하기

서식검사 시트의 A열 서식을 검사해보겠습니다. A열은 '항목'이 입력되는 열입니다. 서식은 문자열이어야 합니다. 스프레드시트에서는 서식을 검사할 수 있는 다양한 함수를 제공하는데, 셀의 서식이 문자열인지 검사하는 함수는 **istext**입니다. 만약 셀 A1의 서식이 문자열인지 검사하고 싶다면 **=istext (A1)**을 입력합니다. 문자열이면 TRUE를 반환하고 아니면 FALSE를 반환합니다. 셀 A2는 셀 F2에 =istext(A2)를 입력하니 TRUE가 반환됐습니다. 이렇게 51행까지 A열에 대한 서식 결과를 F열에 실행합니다. F열의 결과를 확인해보면 모두 TRUE가 나옵니다. 모두 정상적으로, 즉 문자열로 이루어졌습니다.

문자열 검사하기

B열은 '세부종목'으로 서식이 문자열이어야 합니다. 셀 G2에 =istext(B2)를 입력하고 51행까지 실행합니다. 모두 TRUE가 나오고 문자열로 이루어져 있는 것을 확인할 수 있습니다. C열은 '날짜'로 날짜 서식을 검사할 때는 **isdate** 함수를 사용합니다. 셀 H2에 =isdate(C2)를 입력하고 51행까지 실행합니다. D열의 '금액'은 숫자로 되었는지 검사합니다. 숫자인지 아닌지 검사할 때는 **isnumber** 함수를 사용하며, 셀 I2에 =isnumber(D2)를 입력하고 51행까지 실행합니다. E열의 '수익/비용'은 문자열인지 검사를 진행합니다. 셀 J2에 =istext(E2)를 입력하고 51행까지 실행합니다. 이처럼 모든 열의 서식 검사를 진행해보면 D열의 결과인 I열에 FALSE 결과가 두 개 나옵니다.

모든 열의 서식 검사 결과

지금은 데이터가 적어서 FALSE를 바로 확인할 수 있지만 데이터가 많을 때는 한 번에 찾기가 쉽지 않습니다. 이럴 때는 **조건부 서식**을 사용합니다. FALSE로 나타난 셀의 배경색과 글씨색을 변경하면 조금 더 쉽게 찾을 수 있습니다. F2부터 J51까지 영역을 선택한 후 **서식 ➡ 조건부 서식**을 클릭합니다.

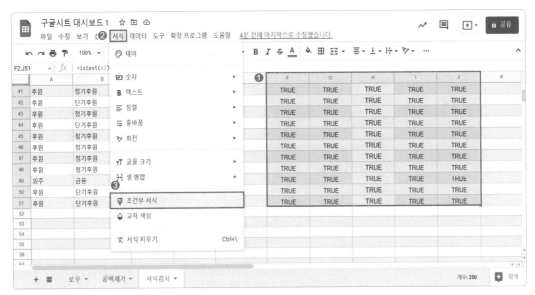

조건부 서식 범위 지정하기

오른쪽에 '조건부 서식 규칙'을 작성할 수 있는 칸이 생성됩니다. '형식 규칙'은 '같음'을 선택하고 아래 칸은 'FALSE'를 입력합니다. '서식 지정 스타일'에서는 원하는 배경색과 글씨색을 선택한 후 [완료]를 클릭합니다.

조건부 서식 규칙과 스타일 설정하기

조건부 서식을 적용하면 잘못 입력된 부분을 쉽게 확인할 수 있어 편리합니다. FALSE가 나온 셀은 D5와 D6입니다. D5의 데이터를 확인해보면 값이 비어 있습니다. D5는 빈 상태로 두고 문자열로 된 D6의 데이터는 220000을 입력해 숫자로 바로잡습니다. D5의 데이터는 이후 수정하겠습니다.

5.5) 데이터 범위 확인하기

입력된 데이터 값의 범위를 확인해보겠습니다. 서식은 맞으나 원하지 않는 값이 입력되었거나 범위를 넘어 작성된 데이터를 찾고 수정하는 단계입니다.

서식검사 시트를 복사해 범위 검사 시트를 새로 만듭니다. 범위 확인 결과만을 표시하기 위해서 서식 검사 시트에서 작업한 결과는 지우고 진행합니다. B열 '세부종목'에서 범위를 벗어나는 셀을 찾아보겠습니다. B2부터 B51까지 마우스로 드래그해서 범위를 지정하거나 B를 마우스로 클릭해서 B열 전체를 범위로 지정합니다.

B열인 '세부종목' 전체로 범위 지정하기

범위가 지정됐으면 **데이터 ➡ 데이터 확인**을 클릭합니다.

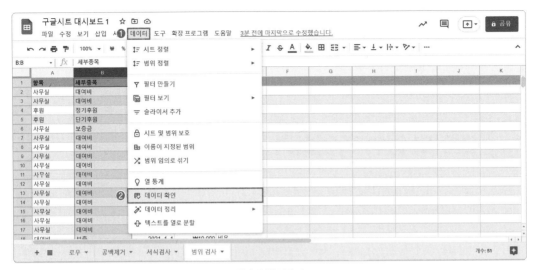

데이터 확인하기

'데이터 확인 규칙' 창이 우측에 나타나면 [+규칙 추가] 버튼을 클릭합니다.

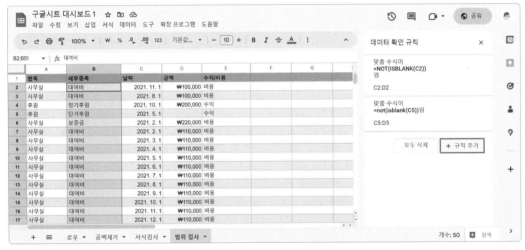

'데이터 확인 규칙' 창에서 규칙 추가하기

'기준'을 '드롭다운'으로 유지하고 옵션에 '대여비, 정기후원, 단기후원, 보증금, 호스팅, 도메인, 구글워크스페이스, 보험, 후원시스템(후원관리), 금융'을 입력하고 [완료]를 클릭합니다.

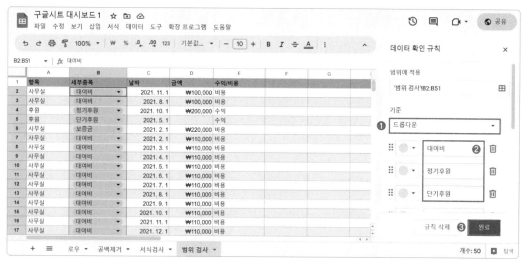

데이터 확인 기준과 항목 목록 작성하기

세부종목 열에서 잘못 작성된 셀은 오른쪽 상단에 빨간 표시가 나타납니다. 18행의 '보증'을 '보증금'으로 수정해 바로잡습니다.

데이터 확인에서 '잘못됨' 표시 확인하기

데이터 확인을 삭제하고 싶다면 데이터 확인이 설정된 범위를 지정한 후 **데이터 ➡ 데이터 확인**을 클릭한 후 [확인 삭제]를 클릭합니다.

5.6 중복 검사하기

지금부터 진행할 전처리는 중복된 값을 검사하고 제거하는 과정입니다. 중복된 값이 있으면 평균, 합계 등 통계 또는 회계 함수에 나쁜 영향을 줍니다. 반드시 중복 검사를 합니다. 범위 검사 시트를 복사해 중복 검사 시트를 만듭니다.

A1부터 E51까지 범위를 지정합니다. **데이터 ➡ 데이터 정리 ➡ 중복 항목 삭제**를 클릭합니다.

'중복 항목 삭제' 선택하기

'중복 항목 삭제' 설정 창이 나타납니다. 데이터의 1행에 머리글 행이 있으니 '데이터에 머리글 행이 있습니다.'를 체크합니다. 다음으로 중복 검사할 열을 체크합니다. 우리는 모든 열과 항목, 세부종목, 날짜, 금액, 수익/비용을 합친 중복 검사를 해야 합니다. '모두 선택'을 체크한 후 [중복 항목 삭제]를 클릭합니다.

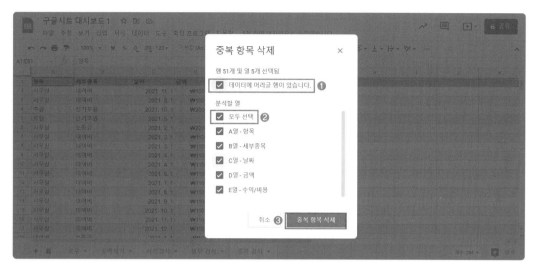

중복 항목 설정하기

중복 항목이 발견되면 삭제하고 결과가 표시됩니다. [확인]을 클릭합니다.

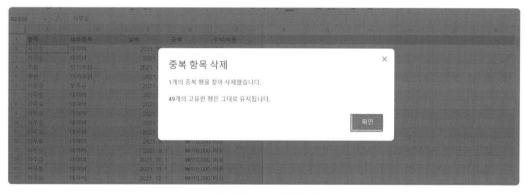

중복 항목 결과 확인하기

5.7 비어 있는 값 검사하기

전처리 마지막 과정으로 스프레드시트에 빈 셀을 찾고 알맞은 값으로 수정합니다. 중복 검사 시트를 복사한 후 시트 이름은 '비어있는값'으로 변경합니다. 빈 셀을 찾을 때 사용할 함수는 **isblank**입니다.

셀 D2가 비었는지 검사하려면 =isblank(D2)를 입력합니다. 비었다면 TRUE 아니면 FALSE를 표시합니다. F2 셀에 =isblank(D2)를 입력합니다.

isblank 함수 사용하기

F2 오른쪽 하단을 더블 클릭한 후 50행까지 isblank 함수를 적용합니다. F열에 조건부 서식을 적용해 TRUE라고 표시되는 셀의 테두리는 빨간색으로, 글씨색을 흰색으로 지정해 잘 보이도록 변경해보겠습니다. F열을 클릭해 범위를 지정하고 서식 ➡ 조건부 서식을 클릭합니다.

isblank 결과에 '조건부 서식' 메뉴 선택하기

'조건부 서식 규칙' 설정 창에서 '형식 규칙'은 '같음'을 선택하고 TRUE를 작성합니다. 그리고 '서식 지정 스타일'에서 글씨색은 흰색으로 배경은 빨간색으로 지정한 후 [완료]를 클릭합니다.

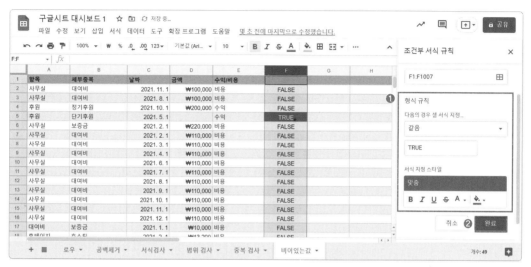

isblank 결과에 '조건부 서식 규칙' 적용하기

빈 셀은 D5라는 것을 확인할 수 있습니다. 비어 있는 값이 생길 경우 해당 데이터를 삭제하거나 평균 또는 중앙값을 사용해 채울 수 있습니다. 이번에는 평균값을 사용하겠습니다. 금액의 평균값을 알아내야 합니다. 알아내야 할 값은 '항목'은 '후원', '세부종목'은 '단기후원'이면서 '수익'으로 거래된 것의 평균입니다. **피봇 테이블** 기능으로 해당 값을 알아보겠습니다.

A1부터 E50까지 범위를 지정합니다. **삽입 ➡ 피봇 테이블**을 클릭합니다.

'피봇 테이블' 선택하기

데이터 범위와 피봇 테이블을 삽입할 시트를 설정하는 창인 '피봇 테이블 만들기'가 나타납니다. 데이터 범위는 이미 지정했으니 그대로 두고 '기존 시트'를 체크합니다. 셀 H2를 클릭해 위치를 지정하고 [만들기]를 클릭합니다.

피봇 테이블의 위치 지정하기

피봇 테이블 편집기 창이 생성됩니다. 편집기를 살펴보면 '행', '열', '값', '필터'를 설정할 수 있습니다. 항목과 세부항목별 수익의 평균 금액을 알고자 '행'에 '항목'과 '세부종목'을 추가합니다.

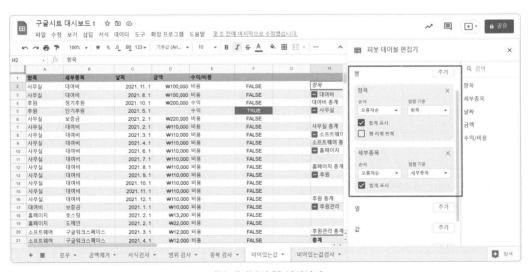

피봇 테이블의 행 설정하기

기준은 항목과 세부종목만을 사용하므로 '열'은 지정하지 않습니다. '값'은 '금액'을 추가하고 '요약 기준'을 'AVERAGE'를 선택해 평균값이 표시되도록 합니다.

피봇 테이블의 값 설정하기

수익의 평균 금액을 알아보기 위해 '필터'에 '수익/비용'을 추가합니다.

피봇 테이블의 필터 설정하기

'모든 항목 표시'를 클릭하고 '수익'만 체크한 후 [확인]을 클릭합니다.

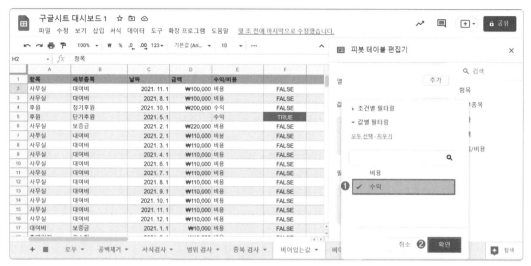

피봇 테이블의 필터에서 '수익'만 설정하기

이제 시트에 항목, 세부종목, 수익만 적용된 평균값이 표시되는 걸 확인할 수 있습니다. 단기후원은 75,000원이 평균값입니다. 이 값을 빈 셀인 D5에 입력하면 '후원 총계'와 '총계' 값이 수정돼 최종 결과가 나오게 됩니다.

빈 셀에 평균값 입력하기

피봇 테이블을 사용할 때 보고 싶은 최종 결과를 값으로 설정합니다. 이 값을 어떤 기준으로 할지에 따라 행과 열을 설정하면 피봇 테이블을 헷갈리지 않고 쉽게 사용할 수 있습니다. 특정 부분을 걸러 내고 싶을 때는 필터를 사용합니다.

전처리 과정이 마무리되었습니다. 분석에 사용할 수 있는 가공 데이터를 확보했습니다. 전처리 과정의 핵심은 잘못 계산될 수 있는 데이터를 걸러내고 올바른 값으로 대체시키는 것이라는 사실, 잊지 마세요.

(5.8) 총수익과 비용 분석하기

시트를 새로 만들어서 분석 작업을 진행하겠습니다. 스프레드시트 하단의 ＋를 클릭해 시트를 만들고 이름을 '보고서'로 변경합니다. 보고서 시트에서 진행할 분석은 전처리 과정이 완료된 비어있는값 시트로 작업합니다.

가장 먼저 수익 및 비용별 합산 금액을 피봇 테이블로 표시해봅시다. 비어있는값 시트의 A1부터 E50 까지 범위를 지정한 후 **삽입 ➡ 피봇 테이블**을 클릭합니다. 피봇 테이블의 '삽입 위치'로 '기존 시트'를 체크한 후 보고서 시트의 A1 셀을 선택하고 [만들기]를 클릭합니다. 피봇 테이블 편집기 창이 나타납니다. '행'은 '수익/비용'을 추가해 기준을 설정합니다.

피봇 테이블 편집기에서 '수익/비용' 행 설정하기

'값'은 '금액'을 추가한 후 '요약 기준'은 'SUM'을 선택합니다.

피봇 테이블 편집기에서 '금액' 설정하기

피봇 테이블 편집기 창을 닫으면 수익과 비용별로 금액의 합계가 표시됩니다.

5.9 비용 분포 분석하기

비용을 더 상세하게 분석하겠습니다. 저장된 데이터 속성을 보면 '항목' 외에 '세부종목'이 있습니다. 항목과 세부종목별로 비용의 합계액을 표시해봅시다. 역시 피봇 테이블을 사용합니다.

비어있는값 시트의 A1부터 E50까지 범위를 지정합니다. **삽입 ➡ 피봇 테이블**을 선택한 후 '삽입 위치' 를 '기존 시트'로 체크하고 보고서 시트의 A6 셀을 지정합니다. [만들기]를 클릭합니다. 피봇 테이블 편집기 창이 나타납니다. '행'은 '항목'과 '세부종목'을 추가합니다.

비용 분석을 위한 행 설정하기

'값'은 '금액'을, '필터'는 '수익/비용'을 추가합니다. '필터'의 '상태'에서 '비용'만 체크합니다. 피봇 테이블 편집기 창을 닫으면 항목과 세부종목별 합계액을 확인할 수 있습니다.

비용 분석을 위한 값과 필터 설정하기

이처럼 피봇 테이블 기능만 잘 사용해도 기본적인 데이터 분석표를 만들어낼 수 있습니다.

(5.10) 수익 분포 분석하기

수익 분포를 분석하는 과정은 비용 분석 과정과 같습니다. 다만 '필터'에서 '비용'이 아닌 '수익'만 체크합니다.

비어있는값 시트의 A1부터 E50까지 범위를 지정합니다. **삽입 ➡ 피봇 테이블**을 선택한 후 '삽입 위치'를 '기존 시트'로 체크하고 보고서 시트의 E6 셀을 지정합니다. [만들기]를 클릭하면 피봇 테이블 편집기 창이 나타납니다. '행'은 '항목'과 '세부종목'을, '값'은 '금액'을, '필터'는 '수익/비용'을 추가합니다. '필터'의 '상태'는 '수익'만 체크합니다.

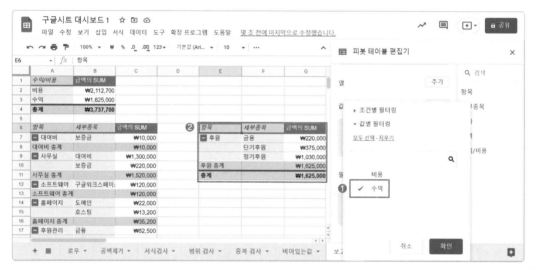

수익 분석을 위한 필터 설정하기

(5.11) 월별 비용 분석표 및 차트 만들기

월별로 비용을 분석하는 표를 만들어보겠습니다. 비어있는값 시트에서 A1부터 E50까지 셀의 범위를 지정한 후 피봇 테이블을 생성합니다. **삽입 ➡ 피봇 테이블**을 선택한 후 '삽입 위치'를 '기존 시트'로 체크하고 보고서 시트의 E14를 선택합니다. 피봇 테이블 편집기 창이 나타납니다. '행'에 '수익/비용'을, '열'에 '날짜'를 추가합니다. 이처럼 열을 추가해 값을 나타내는 기준을 하나 더 추가할 수 있습니다.

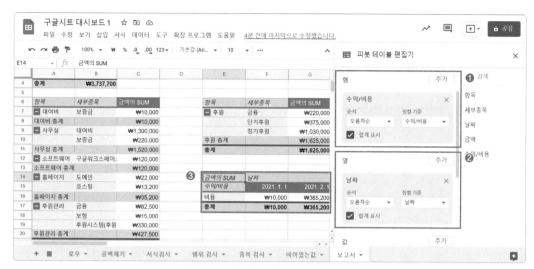

월별 비용 분석을 위한 행과 열 설정하기

'값'에 '금액'을 추가한 후 '요약 기준'으로 'SUM'을 선택합니다. 월별 합계액이 설정됩니다. 비용만 보고 싶다면 '필터'에 '수익/비용'을 추가한 후 '상태'를 '비용'만 체크합니다.

월별 비용 분석을 위한 값과 필터 설정하기

마지막으로 월별 비용 분석표를 드래그해 범위를 지정합니다. E15부터 Q16까지 지정합니다. 날짜와 금액이 모두 들어가도록 지정하면 됩니다. **삽입 ➡ 차트**를 클릭합니다.

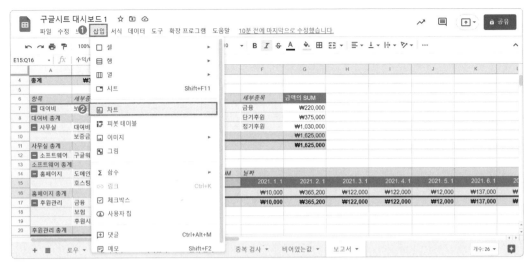

차트 범위 지정하기

차트가 생성되고 차트 편집기 창이 나타납니다. '설정'과 '맞춤설정'에서 원하는 차트의 종류와 스타일을 변경할 수 있습니다.

차트 설정하기

첫 번째 스프레드시트로 간단한 보고서를 만드는 과정이 끝났습니다. 첫 번째 보고서에서는 피봇 테이블만 활용해 분석했습니다. 이처럼 피봇 테이블로 분석하려면 데이터 전처리 과정과 데이터 저장 형태가 굉장히 중요합니다. 데이터 형태, 즉 하나의 거래를 행으로 저장하고 각 행은 여러 개의 속성 및 열로 표현해서 저장하는 형태로 데이터를 관리한다면 피봇 테이블만 사용해도 데이터 분석을 쉽게 진행할 수 있습니다.

CHAPTER 6

여러 파일을 합쳐
회계 보고서 만들기

지금부터 두 개의 파일에 저장된 정보를 합쳐 하나의 보고서로 만들어보겠습니다. 거래 정보가 담긴 파일과 거래한 파트너의 정보가 담긴 파일입니다. 연관된 정보를 토대로 데이터 분석을 진행합니다. 데이터 분석 과정 중에서 첫 번째 단계인 데이터 수집과 적재하는 방법에 포커스를 맞춰 보고서를 만들어갑시다.

6.1 결과물 이해하기

최종 보고서에는 거래 총비용과 수익, 파트너 및 파트너 종합 거래 분석 정보, 파트너별 거래 분석 등이 항목으로 들어갑니다. 예를 들어 '파트너별 거래 분석'은 분석을 보기 원하는 파트너와 거래 유형을 선택하면 해당 정보가 표시됩니다. 실제 결과물은 다음 URL을 통해 확인할 수 있습니다.

URL https://bit.ly/3SkPYsi

두 번째 프로젝트의 최종 결과물

보고서를 만들 때 총 두 개의 파일을 활용합니다. 첫 번째는 2022년 1월부터 5월까지의 거래 정보가 담긴 회계 파일이고 두 번째는 파트너의 정보가 담긴 파일입니다.

회계정보 파일에는 '날짜', '수익/비용', '세부 유형', '금액', '기관', '포인트'를 저장합니다. 포인트는 수익이 발생할 때마다 쌓이며 파트너 기관의 등급에 따라 달라집니다.

회계정보 파일

파트너 파일에는 '회사이름', '종류', '회사설명', '등급', '주소', '연락처', '담당자' 정보를 담습니다.

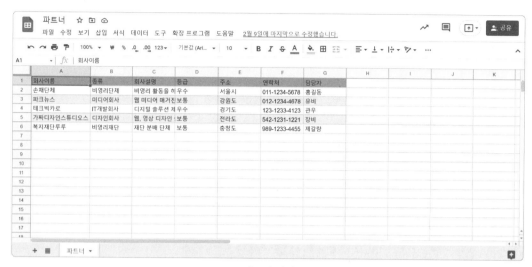

파트너 파일

사본 및 보고서 시트 만들기

구글 계정에 로그인한 후 다음 URL로 이동합니다. **파일 ➡ 사본 만들기**를 클릭해 구글 드라이브에 두 파일의 사본을 만듭니다.

URL 회계정보: https://bit.ly/3dLSKHW

URL 파트너: https://bit.ly/3E3A8xQ

파일 복사가 끝났으면 보고서로 사용할 스프레드시트 파일을 새로 만듭니다. 드라이브 화면에서 **+ 새로 만들기 ➡ Google 스프레드시트 ➡ 빈 스프레드시트**를 클릭하면 새로운 스프레드시트 파일이 만들어지고 시트 화면으로 이동합니다. 새로운 파일 이름은 '보고서'로 합니다.

스프레드시트 파일 만들기

6.3 보고서 파일로 데이터 가져오기

보고서 시트에 두 파일의 데이터를 가져와봅시다. 먼저 회계정보 파일에 있는 다섯 개의 시트 정보를 가져옵니다. 다른 스프레드시트 파일에 있는 정보를 가져올 때는 함수 **importrange**를 사용합니다. importrange는 importrange("파일주소","셀주소")처럼 데이터를 가져올 파일의 주소와 해당 셀 주소를 명시해야 합니다. 파일 주소는 파일을 열었을 때 브라우저 주소창에서 확인할 수 있습니다. 주소를 보면 /edit…가 포함되어 있을 수 있는데, /edit 전까지가 파일 주소입니다. 이때 새 원본 스프레드시트에서 대상 스프레드시트의 데이터를 처음 가져오는 경우 권한을 부여해야 합니다.

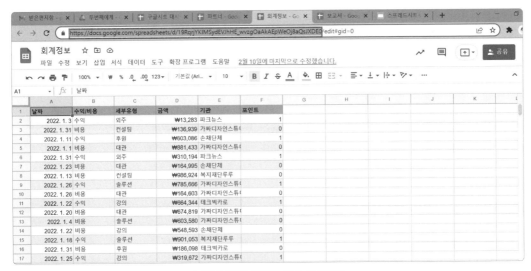

스프레드시트 파일의 주소 확인하기

회계정보 파일의 '2022년1월' 시트의 A1부터 F59까지의 셀을 불러옵니다. 명시해야 할 범위는 '2022년 1월'!A1:F59입니다. 보고서 시트의 A1 셀에 =importrange("https://docs.google.com/spreadsheets/ d/19RqrjYKIMSydEVJhHE_wvzgOaAkAEpWeOj8aQsJXDE0","2022년1월!A1:F59")를 입력합니다. 파일 주소 는 본인의 드라이브에 저장한 사본 파일의 주소를 사용합니다. 이후에 주소를 사용할 시에도 마찬가 지입니다. 알아보기 쉽도록 시트 이름을 'from회계시트1월'로 변경합니다.

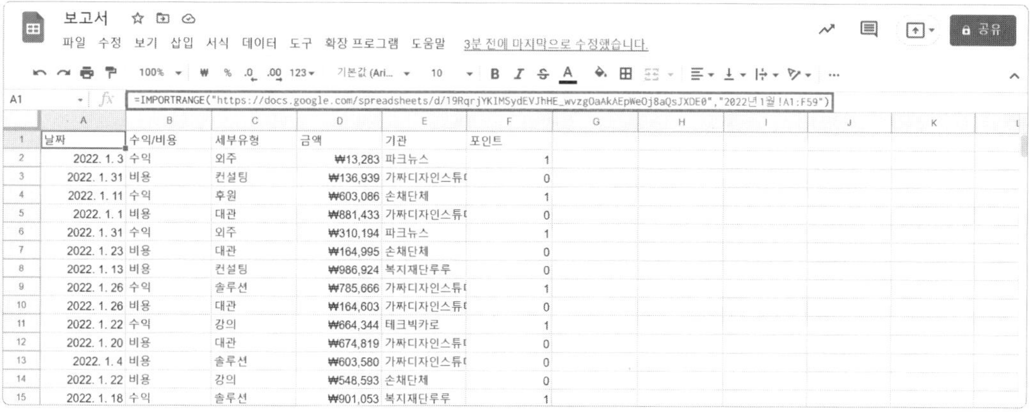

importrange를 이용한 데이터 불러오기

같은 방법으로 importrange를 활용해 회계정보 파일에 있는 시트를 보고서 파일 시트로 불러옵니다 ("2022년2월!A1:F59", "2022년3월!A1:F59", "2022년4월!A1:F59", "2022년5월!A1:F59"). 불러온 시트의 이름 역시 변경합니다.

importrange를 이용해 시트 불러오기

6.4 다섯 시트를 하나의 시트로 합치기

현재 보고서 파일에는 회계정보 파일에서 불러온 다섯 시트가 생성되었습니다. 분석이 편하도록 하나의 시트로 합쳐보겠습니다. 각 시트에 저장된 1월부터 5월까지 정보를 하나의 시트에 모두 표시하도록 하겠습니다.

배열을 사용합니다. 기존에 알고 있는 범위 참조 방식을 사용할 수도 있지만 배열을 사용하는 것이 간편하게 빠르게 할 수 있습니다. 또한, 데이터를 조합하고 많은 데이터를 다룰 때 편리합니다.

배열은 { }(중괄호)를 사용합니다. 예를 들어 from회계시트1월 시트의 A1부터 A59까지 불러오고 싶다면 ={'from회계시트1월'!A1:A59}를 입력합니다. 1월 자료 다음 행에 2월 자료를 불러오고 싶다면 ={'from회계시트1월'!A1:A59;'from회계시트2월'!A1:A59}를 입력합니다. 즉 ;(세미콜론)을 사용하면 다음 행에 해당 셀 주소의 자료를 불러옵니다. 1월, 2월, 3월 자료를 아래로 쌓고 싶을 때는 ={'from회계시트1월'!A1:A59;'from회계시트2월'!A1:A59;'from회계시트3월'!A1:A59}처럼 입력합니다. 이처럼 배열을 사용하면 여러 시트에서 간단히 원하는 데이터 모양을 만들어낼 수 있습니다.

배열을 이용해 데이터 불러오기

다음 열에 데이터를 불러오고 싶을 때는 **콤마(,)**를 사용합니다. 콤마를 사용하면 데이터를 다양하게 조합할 수 있습니다. 예를 들어 A열 옆에 B열을 불러오고 싶을 때는 A1 셀에 ={'from회계시트1월'!A1:A59, 'from회계시트1월'!B1:B59}를 입력합니다. 다음 그림은 C열까지 불러왔습니다.

배열을 이용해 열 데이터 불러오기

콤마를 사용하면 데이터를 다양하게 조합할 수 있습니다. ToArray1_Collect 시트를 생성해봅시다. 해당 시트에는 회계정보 파일에서 '날짜'부터 '포인트'까지 가져옵니다. 즉 A열부터 F열까지 정보를 가져옵니다. 그리고 1월부터 5월까지 데이터를 행으로 쌓습니다.

ToArray1_Collect 시트의 A1 셀에 다음과 같이 배열을 작성합니다.

```
={'from회계시트1월'!A1:A59,'from회계시트1월'!B1:B59,'from회계시트1월'!C1:C59,
 'from회계시트1월'!D1:D59,'from회계시트1월'!E1:E59,'from회계시트1월'!F1:F59;
 'from회계시트2월'!A2:A59,'from회계시트2월'!B2:B59,'from회계시트2월'!C2:C59,
 'from회계시트2월'!D2:D59,'from회계시트2월'!E2:E59,'from회계시트2월'!F2:F59;
 'from회계시트3월'!A2:A59,'from회계시트3월'!B2:B59,'from회계시트3월'!C2:C59,
 'from회계시트3월'!D2:D59,'from회계시트3월'!E2:E59,'from회계시트3월'!F2:F59;
 'from회계시트4월'!A2:A59,'from회계시트4월'!B2:B59,'from회계시트4월'!C2:C59,
 'from회계시트4월'!D2:D59,'from회계시트4월'!E2:E59,'from회계시트4월'!F2:F59;
 'from회계시트5월'!A2:A59,'from회계시트5월'!B2:B59,'from회계시트5월'!C2:C59,
 'from회계시트5월'!D2:D59,'from회계시트5월'!E2:E59,'from회계시트5월'!F2:F59}
```

배열을 사용할 때 주의할 점이 있습니다. 배열로 불러오는 데이트의 행과 열의 크기가 같아야 정상 동작을 한다는 점입니다. from회계시트1월 시트의 A열이 59개라면 from회계시트1월 시트의 B열의 크기도 59개여야 합니다. 배열이 정상적으로 동작하지 않는다면 행과 열의 크기가 동일한지 점검해보기를 바랍니다.

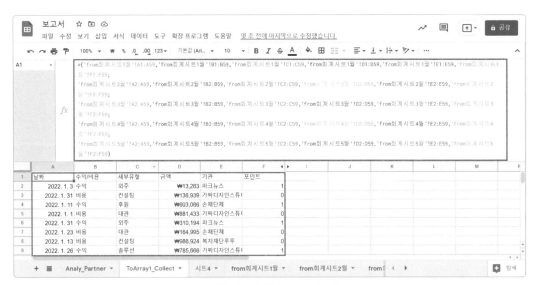

배열을 이용해 행과 열 불러오기

<h1>6.5 등급 표시 및 등급별 포인트 구하기</h1>

ToArray1_Collect 시트 G열에 기관 이름에 따른 등급을 표시해봅시다. 기관 등급은 파트너 파일 D열에 저장되었습니다. 기관 이름을 토대로 등급 정보를 가져오고자 vlookup 함수를 사용합니다. vlookup 함수는 특정 기준 값을 토대로 원하는 값을 가져올 수 있습니다. 지금처럼 기관 이름을 기준으로 등급 정보를 가져올 때 사용하면 됩니다.

vlookup은 총 네 개의 데이터를 입력받습니다. 첫 번째는 검색할 값, 즉 기준이 되는 값입니다. 파트너 이름이 저장된 셀이 됩니다. 두 번째는 검색할 범위입니다. 검색할 값과 관련한 정보가 저장된 범위를 말합니다. 파트너 파일에 저장된 시트가 됩니다. 세 번째는 색인입니다. 필요한 정보가 범위에서 몇 번째 열에 있는지 나타냅니다. 등급 정보가 몇 번째 열에 있는지 명시하면 됩니다. 네 번째는 정렬 여부입니다. 검색할 값의 열이 정렬되었는지 여부를 설정합니다. 기본으로 **TRUE**가 적용됩니다.

우선 G열 2행에 저장된 파트너 기관 이름으로 등급 정보를 출력하는 수식을 완성해보겠습니다.

```
=vlookup(E2,importrange("https://docs.google.com/spreadsheets/d/1gTvOoDeBw1_Ue0qL9lIDax5KwPi
GAX70wh76E4evriY", "파트너!A1:G6"), 4, false)
```

역시 파일 주소는 본인의 드라이브에 저장한 사본 파일의 주소를 사용합니다. 검색할 키로 E2를 사용해 기관을 지정했습니다. 다음으로 범위를 지정하고자 importrange를 사용해 파트너 파일의 A1부터 G6를 지정합니다. 등급은 네 번째 열에 위치해 있으니 4로 지정합니다. 정렬은 되어 있지 않으므로 false로 지정합니다.

vlookup **사용하기**

다른 행에도 vlookup을 사용해 등급을 불러와야 합니다. 스프레드시트의 **자동 완성** 기능을 사용해도 되지만 배열 수식으로 작성해보겠습니다. **배열 수식**이란 범위 간 연산을 처리해주는 기능입니다. 간단하게는 범위 간 더하기, 빼기 등 사칙연산에 사용하거나 vlookup을 큰 데이터 범위에 한 번에 적용시키고 싶을 때 사용할 수도 있습니다. arrayformula와 배열 수식을 입력해서 사용합니다. 예를 들어 범위끼리 더하기를 하고 싶다면 =arrayformula(A1:B2 + C1:D2)를 입력합니다.

G열 2행에 vlookup과 arrayformula를 다음과 같이 작성합니다. 파일 주소는 본인의 드라이브에 저장한 사본 파일의 주소입니다.

```
=arrayformula(vlookup(E2:E291,importrange("https://docs.google.com/spreadsheets/d/
1gTvOoDeBw1_Ue0qL9lIDax5KwPiGAX70wh76E4evriY", "파트너!A1:G6"), 4, false))
```

vlookup 안의 첫 번째로 작성된 값을 보면 하나의 셀이 아닌 범위 E2:E291이 입력된 것을 확인할 수 있습니다. 범위를 연산할 때는 arrayformula를 사용합니다.

등급을 입력한 열과 등급별 포인트를 입력한 열도 추가하겠습니다. 셀 G1과 H1에 '등급'과 '등급별 포인트'를 입력합니다.

vlookup과 arrayformula 사용하기

등급별 포인트는 기관의 등급에 따라 '우수'는 3점, '보통'은 1점으로 표시합니다. 스프레드시트에서는 조건을 사용할 때 if 함수를 사용합니다. if 함수는 세 개의 입력을 받습니다. 첫 번째는 조건식, 두 번째는 조건식이 참일 때의 값, 세 번째는 조건식이 거짓일 때의 값입니다. 등급이 보통인지 아닌지 판단할 때는 다음과 같이 작성합니다.

```
=if(G2="보통", 1, 3)
```

G2의 값이 **보통**이면 1을 아니면 3을 할당합니다. 조건식에서 사용할 수 있는 연산자는 =, 〈, 〉, 〈=처럼 다양합니다. 앞선 수식처럼 입력하면 G2의 값이 **보통**이므로 숫자 1이 표시됩니다.

등급에 따른 숫자를 얻었습니다. 이제 포인트를 계산하는 식을 작성하겠습니다. 거래에는 수익과 비용이 있고 수익에만 포인트가 할당될 수 있도록 하겠습니다. **포인트 * 등급별포인트**로 작성합니다. 비용에는 0이 할당되어 있어 수익 거래에만 포인트가 할당됩니다. 다음과 같이 셀 H2에 작성합니다.

```
=F2 * if(G2="보통", 1, 3)
```

결괏값 1이 표시됩니다. 포인트 열을 이용하면 수익에만 등급별 포인트를 할당시킬 수 있습니다. 셀

H2에만 등급별 포인트를 작성하는 것이 아닌 291행 모두 포인트를 작성해야 합니다. 범위 연산을 할 수 있는 arrayformula를 사용합니다. 셀 H2에 작성합니다.

```
=arrayformula({F2:F291} * IF(G2:G129="보통", 1, 3))
```

한 개의 셀만 계산하던 식에 범위 F2:F291와 G2:G291를 지정하고 arrayformula를 사용해 배열 수식이 가능하도록 했습니다.

if와 arrayformula 사용하기

분석을 위한 데이터 작성이 완료되었습니다. 데이터를 합치고자 importrange와 배열 수식을 사용했고 대용량 데이터를 빠르게 처리하고자 범위를 연산하는 arrayformula로 데이터를 가공했습니다.

6.6 보고서 시트 만들기

데이터를 분석할 시트를 만들었으니 이제 보고서 시트를 만들고 해당 시트에서 데이터 분석 작업을 진행하도록 하겠습니다. 하단의 ➕를 클릭해 시트를 만들고 이름을 '보고서'로 변경합니다. 앞서 데이터 분석을 할 때 피봇 테이블을 사용했습니다. 이번에는 데이터 분석을 할 때 스프레드시트에서 제공하는 함수, 특히 query 함수를 사용하겠습니다. query 함수에 익숙해지면 피봇 테이블보다 더 다양한 조합으로 데이터를 만들 수 있습니다.

보고서 시트 만들기

6.7 총비용과 수익 작성하기: QUERY

회계 보고서를 작성할 때 빠지지 않는 총비용과 총수익을 먼저 작성해보겠습니다. ToArray1_Collect 시트에 총비용과 수익을 표시하는 데 **query** 함수를 사용합니다. query 함수는 세 개를 입력받습니다. 첫 번째는 범위, 두 번째는 질의 문자열, 세 번째는 헤더 행의 개수입니다. 헤더 행의 개수는 머리글로 사용하는 행의 개수를 입력합니다. 총비용과 수익을 표시하기 전 **query** 함수와 **쿼리(질의)**를 알아보겠습니다.

query 함수란?

query 함수는 데이터베이스 시스템에서 사용하는 언어로 데이터를 분석할 수 있도록 스프레드시트에서 제공하는 기능입니다. 데이터베이스 시스템은 프로그래밍 제품을 만들 때 대용량 데이터를 관리하는 데 사용하는 프로그램입니다. 이때 데이터베이스 시스템에서 데이터를 입출력하는 데 사용하는 언어가 바로 **SQL**Structured Query Language입니다. 스프레드시트에서 SQL을 지원하기에 기존 데이터베이스 시스템을 다뤄봤다면 편리하게 스프레드시트로 데이터 분석을 할 수 있습니다. 또한, SQL은 데이터를 다루는 것을 중점으로 설계되어 있어 익숙해지면 간단하고 다양하게 데이터 분석을 할 수 있습니다.

query 함수 사용 방법

query 함수는 세 개 인자를 입력받습니다. 첫 번째는 데이터를 검색할 전체 범위, 두 번째는 SQL 명령 문자열, 세 번째는 헤더 행의 개수입니다. 예를 들어 ToArray1_Collect 시트의 A열과 H열에서 A열만 가져오고 싶다면 보고서 시트의 셀 A1에 다음과 같이 입력합니다.

```
=query('ToArray1_Collect'!A:F, "select A",1)
```

첫 번째에는 'ToArray1_Collect'!A:F로 질의할 범위를 명시하고 "select A"로 SQL 명령문, 쿼리를 작성하고 " "로 감싸줍니다. 해당 범위에 머리글 행이 한 개 있어 1을 작성합니다. query 함수 실행 결과는 다음과 같이 ToArray1_Collect 시트의 A열 값을 그대로 불러옵니다.

query 함수 사용 방법

입력한 데이터를 보면 두 번째로 입력한 SQL 명령문이 생소할 수 있습니다. query 함수를 잘 사용하고 싶다면 반드시 SQL 명령문을 익혀야 합니다. 표시하고 싶을 때는 select, 조건을 걸고 싶을 때는 where, 그룹 단위로 무언가를 하려고 할 때는 group by, 정렬은 order by, 이름 변경은 label입니다. 지금부터 간단하게 SQL 명령문의 사용 방법을 알아봅시다.

select

select는 선택 명령문입니다. select 다음에 표시하고 싶은 열을 작성합니다. select A 또는 select B, select A,B처럼 사용할 수 있습니다. select *을 작성하면 모든 범위의 데이터를 불러옵니다.

```
=query(ToArray1_Collect!A:F, "select A,B",1)
```

where

where은 select로 선택한 데이터에 특정 조건을 만족하는 것만 표시할 때 사용합니다. select B where B='수익' 또는 select B where B='비용'처럼 입력합니다. =, ⟨, ⟩ 등 부등호 연산자와 논리연산자를 사용할 수 있습니다. B열에서 수익만 표시하고 싶다면 다음과 같이 작성합니다.

```
=query(ToArray1_Collect!A:F, "select B where B='수익'",1)
```

group by

group by는 데이터를 그룹 단위로 묶어줍니다. 그룹 단위로 묶으면 그룹 단위의 합계 및 평균과 같은 연산을 할 수 있습니다. select sum(D) group by B처럼 사용합니다. B 그룹 단위로 묶고 그룹별로 합계를 구하는 명령문이 됩니다. select avg(D) group by B를 사용하면 B 그룹 단위로 묶은 데이터의 평균을 구하는 명령문이 됩니다. B열을 그룹으로 합계를 표시하고 싶다면 다음과 같이 작성합니다.

```
=query(ToArray1_Collect!A:F, "select sum(D) group by B",1)
```

order by

order by는 표시되는 데이터를 정렬하고 싶을 때 사용합니다. 정렬 기준이 되는 열과 정렬 방향을 설정합니다. select * where B='수익' order by D asc처럼 작성되었다면 D열을 기준으로 해 오름차순으로 정렬됩니다. 오름차순은 asc, 내림차순은 desc를 사용합니다. B열의 값이 비용이면서 금액을 기준으로 내림차순으로 정렬하고 싶다면 다음과 같이 작성합니다.

```
=query(ToArray1_Collect!A:H, "select * where B='비용' order by D desc",1)
```

label

label은 표시하는 데이터 머리말을 변경하고 싶을 때 사용합니다. select A label A '라벨'처럼 입력합니다. 변경하고 싶은 열을 명시하고 다음으로 변경하려고 하는 문자열을 ' '로 감싸줍니다. A열의 헤더명을 라벨로 변경하고 싶다면 다음과 같이 작성합니다.

```
=query(ToArray1_Collect!A:H, "select A label A '라벨'",1)
```

query 함수로 총수익과 비용 계산하기

본격적으로 query 함수로 데이터 분석을 진행하겠습니다. 총수익과 비용의 합계를 표시하는 SQL은 셀 A1과 B1에 다음과 같이 작성합니다. SQL은 대문자나 소문자 상관없이 작성할 수 있습니다. 대문자인 select라고 작성해도 소문자인 select로 작성해도 됩니다.

```
=query(ToArray1_Collect!A:H, "select sum(D) where B='비용'",1)
```

```
=query(ToArray1_Collect!A:H, "select sum(D) where B='수익'",1)
```

SQL을 이용한 총수익과 비용 작성하기

데이터를 분석하는 방법은 여러 가지 있습니다. where를 이용해 조건과 sum으로 데이터를 이끌어내도 되고 group by와 sum으로 계산할 수도 있습니다. label로 머리글을 변경하겠습니다. 셀 A1과 B1을 다음과 같이 변경합니다.

```
=query(ToArray1_Collect!A:H, "select sum(D) where B='비용' label sum(D) '총비용'",1)
```

```
=query(ToArray1_Collect!A:H, "select sum(D) where B='수익' label sum(D) '총수익'",1)
```

6.8 파트너별 분석하기

회계 보고서에서는 총매출을 분석하기도 하지만 매출과 거래가 발생한 파트너별 분석이 필요하기도 합니다. 이번에는 파트너와 관련된 분석을 진행하겠습니다.

파트너 관리 수 작성하기: countunique

거래가 일어난 파트너 수를 표시해보겠습니다. 셀 A4에 '파트너수'를 입력해 라벨로 사용합니다. 파트너 수는 **countunique** 함수를 사용합니다. countunique는 유일한 데이터의 수를 세는 함수로 범위를 입력받습니다. 다음과 같이 셀 B4에 작성합니다. E2:E처럼 행의 숫자를 비워두면 E열 끝까지 선택됩니다.

```
=countunique(ToArray1_Collect!E2:E)
```

countunique **함수 사용하기**

파트너 기관들 작성하기: unique/transpose

파트너 기관의 이름을 나열하겠습니다. **unique** 함수를 사용하며 해당 함수는 범위에서 중복된 데이터를 제거한 데이터를 반환합니다. 다음과 같이 셀 B5에 입력합니다. 세로로 결과가 반환됩니다.

```
=unique(ToArray1_Collect!E2:E)
```

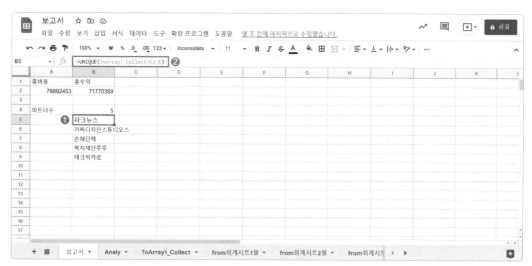

unique 함수 사용하기

세로로 표시된 결과를 가로로 표시되도록 변경하겠습니다. 열과 행을 변경할 때는 **transpose** 함수를 사용합니다. 다음과 같이 수정합니다. 셀 A5에는 '파트너기관들'을 입력합니다.

```
=transpose(unique(ToArray1_Collect!E2:E))
```

transpose 함수 사용하기

파트너별 종합 분석하기: select/where/group by

종합 분석은 파트너별로 총수익과 비용을 표시합니다. 파트너 이름, 수익 합계, 비용 합계가 나오도록 작성해봅시다. select와 where, group by를 이용해 SQL 명령문을 작성합니다. 셀 A7에는 '파트너 종합 분석'을, 셀 B8에는 '수익'을 입력한 후 다음과 같이 셀 C7에 작성합니다.

```
=query(ToArray1_Collect!A:H, "select E,sum(D) where B='수익' group by E",1)
```

파트너 종합 분석의 수익 작성하기

비용은 다음과 같이 셀 C14에 작성합니다. 셀 B14에는 '비용'을 입력합니다.

```
=query(ToArray1_Collect!A:H, "select E,sum(D) where B='비용' group by E",1)
```

파트너 종합 분석의 비용 작성하기

파트너별 거래 상세 분석하기

상세한 회계 정보를 작성하고자 파트너별 거래도 볼 수 있도록 구현해봅시다.

먼저 파트너 기관의 회사 설명을 표시합니다. 파트너 기관의 이름을 드롭다운으로 선택할 수 있도록 설정합니다. 셀 A21을 클릭하고 데이터 ➡ 데이터 확인을 클릭하면 데이터 확인 규칙 창이 나타납니다. [+규칙 추가]를 클릭한 후 '기준'을 '드롭다운'으로 설정하고 파트너 기관을 입력합니다. 그리고 '고급 옵션'을 클릭해 '데이터가 잘못된 경우: 경고표시'를 체크합니다. [완료]를 클릭합니다.

데이터 확인 규칙 창에서 파트너 기관 작성하기

이제 드롭다운으로 파트너 기관명을 선택할 수 있습니다. 셀 B21에 셀 A21의 값을 기준으로 파트너 기관의 상세 설명을 가져오겠습니다. vlookup을 사용합니다. 다음과 같이 입력합니다. 첫 번째로 검사할 값을 설정합니다. 바로 파트너 정보가 담긴 범위를 지정하고자 importrange를 사용하고 상세 설명은 세 번째 열에 있으니 3을 입력합니다. 셀 A21의 파트너를 변경하면 상세 설명도 변경됩니다. 파일 주소는 본인의 드라이브에 저장한 사본 파일의 주소를 사용합니다. 셀 A21에 파트너 기관을 선택하지 않고 빈칸이라면 셀 B21에 #N/A가 표시됩니다. 셀 A21에서 파트너 기관을 선택하면 해당 파트너 기관의 설명이 뜨는 걸 확인할 수 있습니다.

```
=vlookup(A21,importrange("https://docs.google.com/spreadsheets/d/1gTvOoDeBw1_Ue0qL9lIDax5Kw
PiGAX70wh76E4evriY", "파트너!A1:G6"), 3, false)
```

vlookup을 이용한 파트너 기관의 상세 설명 작성하기

다음으로 파트너별 거래 형태에 따른 거래 현황표를 추가하겠습니다. 셀 A22에 앞선 방법처럼 데이터 확인 규칙 창에서 '항목 목록'을 선택한 후 '수익' 및 '비용'을 추가해 드롭다운으로 선택할 수 있도록 합니다.

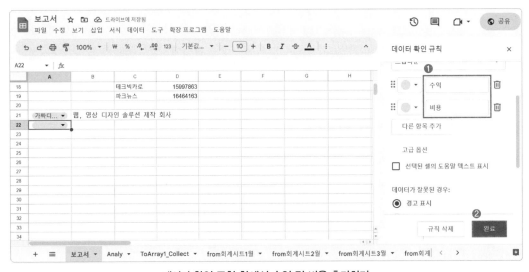

데이터 확인 규칙 창에서 수익 및 비용 추가하기

이제 query 함수로 거래 현황을 불러옵니다. 셀 B22에 다음과 같이 작성합니다.

```
=query(ToArray1_Collect!A:E, "select A,B,C,D where E='"& A21 & "'", 1)
```

이제 셀 B22를 수익과 비용이라는 조건에 따라 결괏값이 달라지도록 다음과 같이 수정합니다.

파트너 기관명을 조건으로 하고자 where를 사용합니다. 파트너 기관명이 같을 때를 조건으로 설정하기 위해 where E='A21'을 작성합니다. 하지만 where E='A21'처럼 작성하면 'A21'을 문자열 자체 A21로 간주할 수 있어 A21에 참조된 값이 들어갈 수 있도록 where E='"& A21 &"'로 작성합니다. &은 문자열과 문자열을 붙이고 싶을 때 사용합니다. 예를 들면 "hello" & "world"를 입력하면 "helloworld"가 표시됩니다.

파트너 기관명을 조건으로 하는 것뿐만 아니라 수익 형태도 조건으로 추가합니다. 여러 개의 조건을 작성하고 싶을 때는 and, or를 사용합니다. and는 모든 조건이 다 성립할 때, or는 하나의 조건만 성립해도 좋을 때입니다. "' and B="& A22 &"'"를 추가합니다. 셀 A21과 A22의 값에 따라 거래 현황이 표시됩니다.

```
=query(ToArray1_Collect!A:E, "select A,B,C,D where E='"& A21 &"' and B='"& A22 &"'", 1)
```

where와 and로 거래 현황 분석하기

파트너별로 총거래 금액, 횟수, 평균 거래 금액, 가장 큰 금액, 포인트를 표시해보겠습니다.

총금액은 파트너 기관, 거래 형태에 따른 모든 금액의 합으로 구합니다. 다음과 같이 셀 G22에 작성합니다. where로 기관명과 수익 형태를 조건으로 설정한 후 label을 활용해 글머리를 '총금액'으로 변경합니다.

```
=query(ToArray1_Collect!A:H, "select sum(D) where E='"& A21 &"' and B='"& A22 &"' label
sum(D) '총금액' ", 1)
```

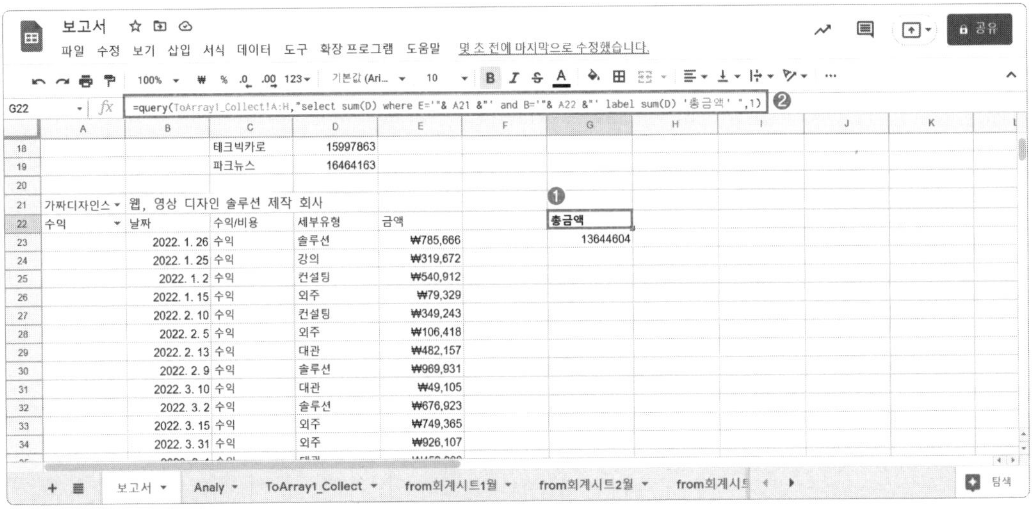

총금액 구하기

거래 횟수는 **count**를 이용합니다. 다음과 같이 셀 H22에 작성합니다.

```
=query(ToArray1_Collect!A:H, "select count(D) where E='"& A21 &"' AND B='"& A22 &"' label
count(D) '총거래횟수' ", 1)
```

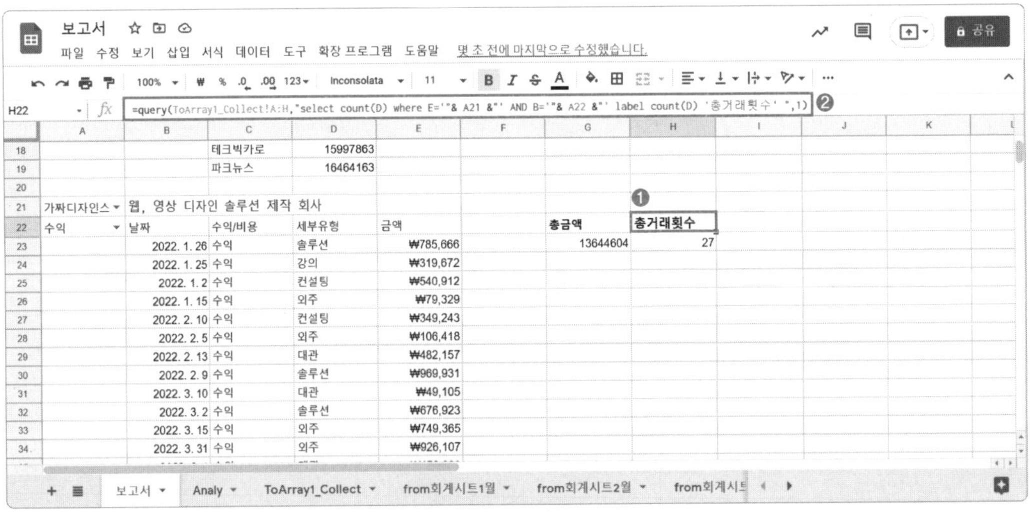

총거래횟수 구하기

평균 거래액은 **avg**를 활용해 다음과 같이 셀 I22에 작성합니다.

```
=query(ToArray1_Collect!A:H, "select avg(D) where E='"& A21 &"' and B='"& A22 &"' label
avg(D) '평균금액' ", 1)
```

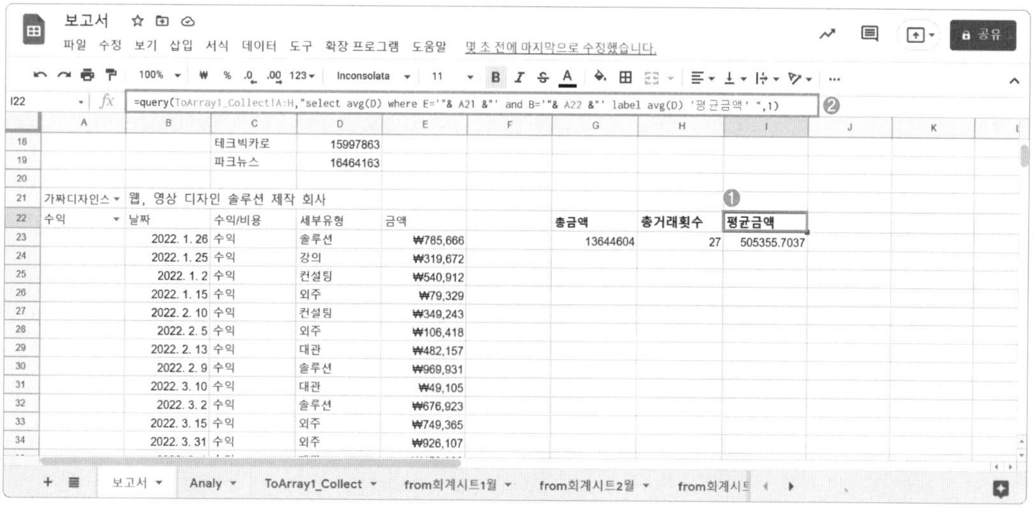

평균금액 구하기

마지막으로 가장 큰 거래 금액을 구합니다. **max**를 사용해 다음과 같이 셀 J22에 작성합니다.

```
=query(ToArray1_Collect!A:H, "select max(D) where E='"& A21 &"' and B='"& A22 &"' label
max(D) '가장큰금액' ", 1)
```

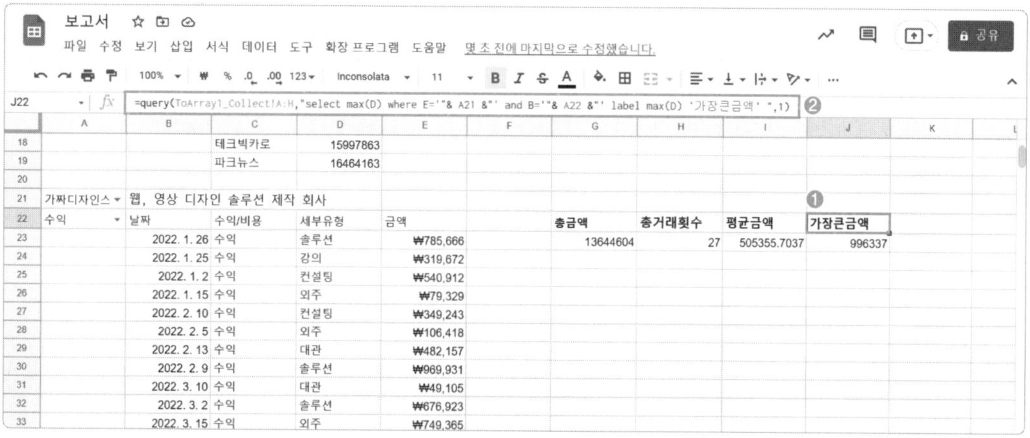

가장큰금액 구하기

두 번째 보고서가 완료되었습니다. 두 번째 보고서를 만들 때는 여러 개의 파일에서 데이터를 가져오고 합치는 방법을 알아보고 데이터를 분석할 때 query 함수를 사용했습니다. 첫 번째 보고서와 달리 두 번째 보고서의 작성 방식은 데이터가 많을 때 주로 사용하는 방식입니다. SQL의 다른 사용 방법은 Google Charts의 Reference에서 더 자세히 알 수 있습니다.

URL https://developers.google.com/chart/interactive/docs/querylanguage
단축 https://bit.ly/3RjgAZv

2부에서는 데이터 분석 과정을 알아보고 전처리 과정에서 사용할 수 있는 스프레드시트 기능, 데이터 수집 및 적재 과정에서 사용할 수 있는 기능과 분석에 사용하면 좋을 query 함수와 피봇 테이블을 사용해봤습니다. 스프레드시트는 책에서 사용한 기능뿐만 아니라 매우 많은 함수와 기능을 제공합니다. 더 많은 함수 목록을 살펴보고 싶다면 Google Docs 편집기 고객센터를 확인해보세요.

URL https://support.google.com/docs/table/25273
단축 https://bit.ly/3SGDbjE

3

앱스 스크립트
시작하기

3부에서는 앱스 스크립트 프로그래밍에 필요한 기본 개념과 기초적인 문법을 알아봅니다. 또한, 이메일 발송 프로그램을 만들어보면서 앱스 스크립트의 사용 방법 및 프로그램을 만드는 프로세스를 익혀보겠습니다. 프로그래밍할 때 기초 개념인 변수부터 객체까지 알아보고 점진적인 프로그래밍 개발 방법을 사용해 프로그램을 완성해봅시다. 단순히 프로그래밍을 기능 순서대로 알아가는 것이 아니라 단계별로 프로그램을 완성하면서 해당 기능에 필요한 개념을 학습하는 방식으로 구성했기 때문에 프로그램을 만드는 프로세스를 익힐 수 있을 것입니다.

● CHAPTER 7 ● 앱스 스크립트로 익히는 프로그래밍 기본 개념

● CHAPTER 8 ● 이메일 발송 프로그램

앱스 스크립트로 익히는 프로그래밍 기본 개념

앱스 스크립트로 프로젝트를 만들기 전에 프로그래밍의 기본 개념과 문법을 알아보겠습니다. 이번 장은 프로그래밍 작성 방법보다는 개념을 이해하는 데 도움이 되도록 구성했습니다. 영어도 처음 배우면 서툰 것처럼 앱스 스크립트나 프로그래밍 언어도 처음 배우면 이해하기 어려울 수 있습니다. 하지만 영어를 많이 사용하면 점점 실력이 점점 좋아지듯이 앱스 스크립트도 꾸준히 사용하다 보면 실력이 향상될 것입니다. 이번 장을 통해 개념에 대한 이해도를 높이고 이후 다룰 여러 가지 프로젝트에서 프로그래밍 실력을 키워보기 바랍니다.

7.1 앱스 스크립트 편집기의 편집 기능

프로그래밍의 기본 문법을 알기 위해서는 먼저 앱스 스크립트의 편집기 기능을 알아야 합니다. 편집기 기능을 알아야 이번 장에서 다룰 변수, 연산, 반복문, 함수, 클래스 등 기본 개념을 실제로 적용해보며 익힐 수 있습니다.

먼저 크롬을 실행하고 구글 계정으로 로그인합니다. 브라우저 주소창에 script.google.com을 입력하면 앱스 스크립트 사이트로 접속할 수 있습니다. 왼쪽 사이드에는 스크립트를 생성하고 관리할 수 있는 메뉴가 있으며 오른쪽에는 현재 생성된 스크립트를 보여줍니다. 왼쪽 상단 ➕ 새프로젝트 를 클릭하면 새로운 스크립트 파일이 생성되고 프로그래밍할 수 있는 편집 화면으로 이동합니다.

앱스 스크립트 화면

상단에는 '프로젝트 제목'과 프로젝트 [배포] 버튼, 사용자 추가 버튼 등이 있습니다. 가장 왼쪽에는 현재 프로젝트에 대한 정보를 확인할 수 있는 메뉴가 있습니다.

앱스 스크립트 편집 화면

왼쪽 메뉴의 ⓘ(개요) 아이콘을 클릭하면 프로젝트 세부 정보를 제공합니다.

프로젝트 세부 정보

‹›(편집기) 아이콘을 클릭하면 프로그래밍을 실행할 수 있습니다. 다음은 프로젝트를 생성하면 보이는 화면입니다.

편집기 화면

ⓣ (트리거) 아이콘을 클릭하면 트리거 관리 화면으로 이동하면 이벤트를 관리할 수 있습니다. 예를 들어 구글 설문지에서 사용자가 응답을 제출했을 때 응답이 완료됐다는 기능을 개발하고 싶다면 트리거 영역에서 처리해야 합니다. 사용자가 응답을 제출했을 때와 같은 사건 발생을 '이벤트'라고 합니다. 이번 장에서는 트리거를 다루지 않으니 트리거 영역이 있다는 정도만 알고 넘어갑시다.

트리거 화면

≡, (실행) 아이콘을 클릭하면 프로젝트의 실행 내역, 결과 등을 확인할 수 있습니다.

실행 로그 화면

마지막으로 ⚙ (프로젝트 설정) 아이콘을 클릭하면 프로젝트 설정을 변경할 수 있습니다. 시간대, 프로젝트 아이디를 확인할 수 있습니다.

프로젝트 설정 화면

지금부터 편집기에서 프로그래밍해보겠습니다. < >를 클릭한 다음 제목을 First Apps Script로 변경합니다. 최상단의 '제목 없는 프로젝트'를 누른 후 'First Apps Script'로 작성하고 [이름 변경하기]를 클릭합니다.

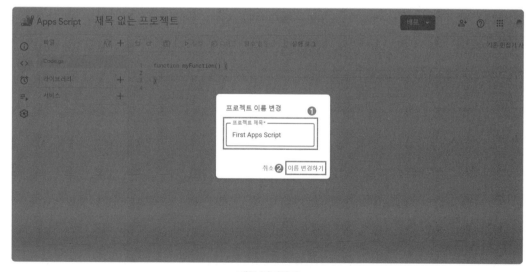

제목 변경하기

왼쪽 영역에서는 스크립트 파일을 추가하거나 라이브러리 및 서비스를 관리할 수 있습니다. 편집 영역에서는 프로그래밍을 작성하고 실행합니다. 현재 프로그래밍을 하고 있는 파일은 왼쪽 영역에서 파란 배경으로 표시됩니다.

앱스 스크립트에서는 프로젝트를 생성하면 자동으로 Code.gs 파일이 생성되고 function myFuntion() 이 작성되어 있습니다. function이 무엇인지는 이후 자세히 알아보겠습니다.

편집기 화면 알아보기

실제 프로그래밍을 해봅시다. 편집기 화면에 다음과 같이 작성해주세요. Logger.log를 사용하면 실행 로그 창에 결과를 출력할 수 있습니다.

```
function myFunction() {
  Logger.log("Hello World");
}
```

코드 작성이 완료되었다면 편집기 화면 상단에서 🖬 (프로젝트 저장) 아이콘을 클릭해 프로젝트를 저장합니다.

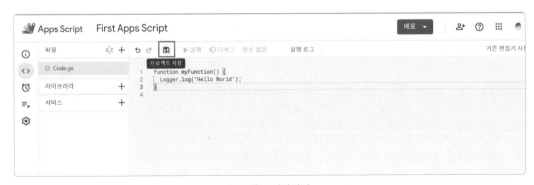

프로젝트 저장하기

▶실행 아이콘을 클릭해 프로그램을 실행해보겠습니다. 주의할 점이 있습니다. ⚙️디버그 옆에 'myFunction'이 지정되었는지 확인해주세요. 다른 것이 지정되었다면 작성한 프로그램이 실행되지 않습니다. 또한, 코드를 작성할 때 myFunction(){ }에서 { } 안에 작성해야 한다는 점도 꼭 기억해주세요.

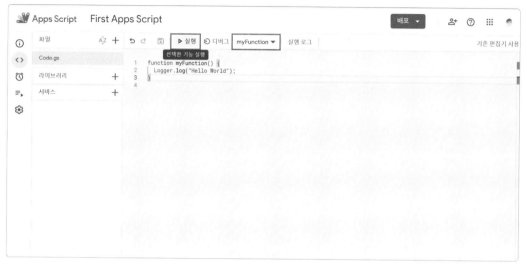

프로젝트 실행하기

실행이 완료되면 실행 로그 창이 생성되며 실행 결과가 나타납니다. 실행 시점과 끝난 시점 그리고 Hello World가 출력됩니다.

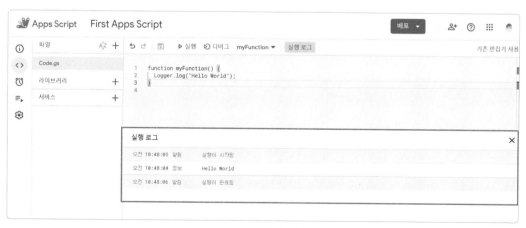

프로젝트 실행 결과

(7.2) 앱스 스크립트에서 사용하는 문법

앱스 스크립트로 프로그래밍을 하기 위해 간단히 편집기 기능부터 살펴봤습니다. 편집기 기능을 알았으니 이제 프로그래밍의 기본 개념과 문법을 익힐 차례입니다. 예제와 프로그램을 직접 실습하면서 어렵게 느껴지던 프로그래밍 문법이 쉬워지는 경험을 하게 될 것입니다. 지금부터 앱스 스크립트에서 사용하는 문법을 알아보겠습니다. 직접 실행해보며 결과를 확인해보세요.

변수

컴퓨터를 간단하게 설명한다면 '계산기'라고 할 수 있습니다. 계산기는 덧셈을 어떤 방식으로 할까요? 실제로 우리가 더하기를 할 때 어떻게 하는지 생각해봅시다. 예를 들어 1+200을 계산하면 값이 201이라는 것을 바로 알 수 있습니다. 그렇다면 123451616+29419595를 계산해볼까요? 종이에 적지 말고 암산으로 해보죠. 쉽지 않을 겁니다. 누구나 암산만으로 바로 계산하기는 어렵습니다. 왜 어려울까요? 더하기를 좀 더 살펴보겠습니다. 우리는 덧셈을 하기 전에 숫자를 기억해야 합니다. 즉 연산을 하기 전에 '기억'이라는 기능이 필요한 것이죠. 컴퓨터도 마찬가지입니다. 연산을 하기 전에 데이터(숫자)를 기억시켜야 합니다. 이때 사용하는 것이 바로 **변수**variable라는 개념입니다.

이제 변수를 어떻게 사용하면 편리한지 이야기해보겠습니다. 기차역이나 회사 등에서 사물함을 사용해본 경험이 있을 겁니다. 사물함이 있으면 물건을 집어넣고 빼서 쓰는 것이 편리합니다. 기차역에 있는 사물함을 보면 숫자로 사물함을 쉽게 구별할 수 있도록 되어 있습니다. 보통 특정 번호에 물건을 보관한 후 특정 번호의 사물함에서 물건을 찾아가라고 하면 바로 찾을 수 있습니다. 숫자로 되어 있으니까 찾는 것이 쉽습니다.

이제 컴퓨터가 데이터를 저장하는 방법을 알아보겠습니다. 컴퓨터에는 메모리라는 장치가 있고 이곳에 데이터를 저장합니다. 그리고 메모리에는 주소가 지정되어 있는데, 사물함처럼 번호로 1번 메모리, 2번 메모리 등으로 지정되어 있어 주소를 알면 저장한 데이터를 쉽게 찾아올 수 있습니다. 숫자만 사용해도 데이터를 저장하고 가져오는 게 매우 편리합니다. 하지만 한 가지 문제가 있습니다. 만약 지하철의 사물함이 엄청 많다면 어떨까요? 예를 들어 2345024번째 사물함에 가방을 보관했다면 나중에 가방을 찾는 것이 쉬울까요? 2345024번이라는 숫자를 사람이 계속 외우고 있는 것은 매우 힘듭니다.

컴퓨터도 똑같습니다. 데이터가 저장된 위치를 사람이 알고 있어야 쉽게 기억해 가지고 올 수 있는데 숫자로만 데이터를 저장하고 불러온다면 매우 어렵습니다. 그래서 제안된 해결책이 숫자가 아닌 별명을 붙이기로 한 것입니다. 예를 들어 가방이 들어간 사물함은 '학용품'이라고 쓴 스티커를 붙여놓는 겁니다. 이후부터는 가방을 저장하거나 꺼낼 때 '학용품' 사물함에서 집어넣고 가져오라고 하는 것이죠. 이처럼 프로그래밍을 할 때 데이터를 저장하고 불러올 시 별명을 붙이는데 이것이 바로 변수입니다.

number라는 변수를 생성하는 문법을 봅시다.

```
let number
```

let은 예약어reserved word로 컴퓨터에 데이터를 저장할 사물함을 만들라고 명령하는 것입니다. number는 사물함에 '학용품' 스티커를 붙이듯이 이번에 만들어진 사물함은 number라는 이름을 쓸 것이라고 알려주는 겁니다. 변수를 생성할 때는 꼭 let이라는 예약어를 작성한 후 한 칸 띄우고 변수명을 작성하면 됩니다. 단, 변수명을 작성할 때는 숫자를 맨 앞에 사용할 수 없습니다.

변수에 데이터를 저장할 때는 = 연산자를 사용합니다. let number = 10과 같이 사용하면 변수 number를 생성하는 동시에 데이터 10을 저장합니다.

```
let number = 10
Logger.log(number)
```

다음과 같이 변수를 먼저 생성하고 이후에 데이터를 저장할 수도 있습니다.

```
let number
number = 10
```

또한, 변수를 여러 개 생성하고 데이터를 저장할 수도 있습니다.

```
let number, number1, number2
number = 10
number1 = 100
number2 = 1000
let name = 'park'
let lastName = 'kim'
let firstName = 'lee'
```

혹은 변수에 데이터를 여러 번 저장할 수 있으며 다른 변수에 저장된 데이터도 저장할 수 있습니다. 다음 코드는 number, number2에 최종적으로 30이 저장됩니다.

```
let number = 10
number = 20
number = 30
let number2 = number
```

하지만 다음 코드처럼 이미 만들어놓은 변수와 같은 변수명을 사용해서 변수를 만들 수는 없습니다. 오류가 발생합니다.

```
let number = 10
let number = 20
```

변수에 저장된 데이터를 가져오고 싶을 때는 변수명만 사용하면 됩니다. 다음 코드는 number, number2, number3에 10이 저장됩니다.

```
let number = 10
Logger.log(number)

let number2 = number
let number3 = number2
```

변수를 생성할 때는 예약어 let, 변수에 데이터를 저장할 때는 연산자 =, 변수에 데이터를 불러올 때는 변수명을 사용한다는 점을 꼭 기억해두세요!

연산

변수를 알아봤으니 계산하는 방법에 대해서 알아보겠습니다. 두 개의 수를 더할 때는 1+2를 사용합니다. 프로그래밍도 마찬가지로 1 + 2를 사용합니다. +(덧셈)를 **연산자**, 1과 2를 **피연산자**, +처럼 두 개 이상의 피연산자를 갖는 연산자를 **다항연산자**라고 합니다. -(뺄셈), *(곱셈), /(나눗셈) 모두 두 개의 피연산자를 갖습니다. 다음은 1, 3에 대한 사칙연산을 변수 result에 저장하는 코드입니다.

```
let result = 0
result = 1 + 3
result = 1 - 3
result = 1 * 3
result = 1 / 3
```

사칙연산 외에도 나머지를 구하는 연산을 자주 사용합니다. 바로 **퍼센트**(%) 연산자입니다. 다음은 4를 3으로 나눈 나머지를 result에 저장하는 코드입니다. result에는 나머지 1이 저장됩니다.

```
let result = 4 % 3
```

다음 코드를 보면 여러 개의 연산을 연달아 적용하거나 괄호를 사용할 수도 있습니다. 연산자 간에는 우선순위가 존재하는데, 곱셈이 덧셈보다 우선순위가 높으며 괄호 안에 있는 연산이 우선순위가 더 높습니다.

```
let result = 1 + 3 * 4
let result2 = (1 + 3) * 4
let result3 = 1 + (3 * 4)
```

또한, 변수를 이용해 연산을 할 수도 있습니다. 변수 operand에 1을 저장하고 다음 코드와 같이 사용하는 것입니다. 연산을 할 때 변수를 이용하면 해당 변수 안에 저장된 데이터를 사용합니다.

```
let operand = 1
let result = 2 + operand
result = 2 - operand
result = result + operand
```

마지막 줄의 result = result + operand처럼 result에 저장된 데이터를 수정하고 다시 result 변수에 저장하는 구문은 다음과 같이 축약해서 사용할 수 있습니다.

```
let result = 1
result += 2
result -+ 1
result *= 2
result /= 2
```

프로그래밍을 하다 보면 +1을 하는 연산을 매우 자주 사용하는 편입니다. +1을 간단하게 할 수 있는 연산자가 있습니다. 바로 ++입니다. 다음은 operand에 저장된 1에 1을 더한 코드입니다.

```
let operand = 1
operand++
```

operand++는 operand = operand + 1과 똑같은 의미입니다. 길게 쓰는 것보다 ++로 쓰는 것이 짧기 때문에 자주 사용하는 연산자이니 기억해주세요. 만약 1을 감소시킬 때는 --를 사용하면 됩니다.

데이터 유형

앞서 변수에 데이터를 저장할 때 숫자 10을 저장하거나 문자 'park'를 저장해봤습니다. 10은 **숫자 데이터형**, 'park'는 **문자열 데이터형**이라고 합니다. 왜 10은 숫자 데이터형이고 'park'는 문자열 데이터형이라고 할까요? 정답은 데이터를 표현하는 방법에 있습니다. 'park'(또는 "park")는 ' ' 안에 park이 들어가 있기 때문에 문자열 데이터형이 됩니다. 10은 아무것도 없기 때문에 숫자가 됩니다. 만약에 '10'이라고 작성했다면 '10'은 숫자가 아니라 문자열로 인식합니다. 그렇다면 park라고 쓰면 문자열 데이터형일까요? 아닙니다. 컴퓨터는 변수로 인식합니다. 프로그래밍에서 데이터를 다룰 때는 유형이 무엇인지 아는 것이 매우 중요합니다. 그 이유는 무엇인지 실제 코드를 보면서 이야기해보겠습니다.

다음 코드는 숫자를 더하는 연산입니다. 변수 result에 저장되는 값은 30입니다. **숫자 + 숫자**이기 때문이죠.

```
let number = 10
let number2 = 20
let result = number + number2
```

다음 코드에서 result의 값은 어떻게 될까요? 바로 **'ParkYong'**이 정답입니다. 이렇게 같은 + 연산자를 사용한다고 해도 피연산자의 데이터형이 다르면 다른 연산을 실행합니다. 숫자라면 더하기를, 문자라면 두 문자열을 이어 붙이는 연산을 실행합니다.

```
let firstName = 'Park'
let LastName = 'Yong'
result = firstName + LastName
```

마지막으로 다음 코드의 결과를 상상해보세요.

```
let number = 10
let number1 = '10'
let result = number + number1
```

변수 result에는 문자열 **'1010'**이 저장됩니다. 앱스 스크립트에서는 숫자와 문자열을 더하면 숫자가 문자열로 데이터형을 변경하기 때문입니다. number 안에 들어가 있던 숫자 10이 문자열 **'10'**으로 데이터형이 변경되고 문자열을 이어 붙인 **'1010'**이 result에 들어가게 됩니다. 앞선 코드에서 볼 수 있듯이 연산을 진행할 때 각 피연산자의 데이터형을 잘 알고 있어야 한다는 점, 기억하세요!

조건문

변수에 저장된 숫자가 10보다 크면 '**큰 수입니다**'를 출력하고 같거나 작을 때는 '**작습니다**'를 출력하는 프로그램을 만든다고 가정해보겠습니다. 지금까지 우리가 배운 개념으로 프로그래밍을 할 수 있을까요? 네, 당연히 가능합니다. 다만 두 개의 코드를 만들어야 합니다. '**큰 수입니다**'를 출력하는 코드와 '**작습니다**'를 출력하는 코드를 작성해 실행하면 됩니다. 하지만 매번 조건이 다른 코드를 따로 만들려면 코딩을 할 이유가 없겠죠?

특정 조건에 따라 다르게 실행되는 프로그래밍을 하고 싶을 때는 **조건문**을 사용합니다. 10보다 큰 수인지 검사해 조건에 맞으면 '**큰 수입니다**'를, 아니면 '**작습니다**'가 출력되도록 코드를 작성하면 됩니다. 조건문은 특정 조건을 검사하고 결과에 맞게 실행되는 코드를 다르게 실행시킬 수 있습니다.

다음은 데이터에 있는 숫자가 10보다 클 때 출력하는 코드입니다. 조건문을 작성할 때는 예약어 if()로 시작하며 괄호 안에 조건식을 작성합니다. 다음 코드에서는 number가 10보다 큰 수인지 검사하는 number > 0 부분입니다. > 연산자는 좌측 피연산자가 우측 피연산자보다 크기가 큰지 구하는 연산자입니다. 예제 코드에서는 number에 20이 저장됐는데 10보다 크기 때문에 조건을 만족하게 됩니다. 따라서 { } 안의 코드가 실행되고 **큰 수입니다**가 출력됩니다. 만약 number 값이 9라면 조건에 만족하지 않으므로 아무것도 출력하지 않고 종료됩니다.

```
let number = 20
if(number > 10){
  Logger.log('큰 수입니다')
}
```

예제 코드를 10보다 큰지 작은지에 따라 다르게 출력하는 코드로 수정해보겠습니다. else 예약어를 사용합니다. else 예약어가 추가됐습니다. else는 조건문 안의 조건에 해당되지 않을 때 실행되는 구문입니다. number가 10보다 작거나 같을 때 else { } 안의 구문을 실행합니다. number 값인 9는 10보다 작기 때문에 '**작은 수입니다**'가 출력됩니다.

```
let number = 9
if(number > 10){
  Logger.log('큰 수입니다')
} else {
  Logger.log('작은 수입니다')
}
```

조건문에 조건을 여러 개 설정할 수도 있습니다. else if 예약어를 사용합니다. 10보다 클 때, 8보다 클 때, 5보다 클 때를 따로 처리하고 싶다면 else if 예약어를 사용하면 됩니다. 이번 코드에서는 Logger.log 대신 console.log를 사용했습니다. 모두 로그를 출력하는 함수이지만 Logger.log는 앱스 스크립트 내부에서만 사용할 수 있고 console.log는 자바스크립트로 작성하는 모든 프로그램에서 사용할 수 있어 더 범용적인 console.log 함수를 사용하겠습니다. number 값인 10은 조건 중 number > 8에 해당하기 때문에 8보다 크고 10보다 작은 수가 출력됩니다.

```
let number = 10
if(number > 10){
  console.log('10보다 큰 수')
} else if(number > 8){
  console.log('8보다 크고 10보다 작은 수')
} else if(number > 5){
  console.log('5보다 크고 8보다 작은 수')
} else {
  console.log('5보다 작거나 같습니다.')
}
```

여러 개의 조건문을 이어서 작성할 수도 있습니다. && 연산자를 사용합니다. 숫자가 5보다 크고 10보다 작은 수를 처리하고자 && 연산자를 사용해서 묶었습니다. number 값인 8이 두 개의 조건인 number > 5와 number < 10을 만족하기 때문에 5보다 크고 10보다 작은 수가 출력됩니다.

```
let number = 8
if( (number > 5) && (number < 10) ){
  console.log('5보다 크고 10 보다 작은 수')
}
```

||(키보드에서 \ 키와 shift 키를 함께 눌러 작성)를 사용하면 두 조건 중 하나만 만족해도 구문을 실행시킬 수 있습니다. 예제 코드는 number 값인 2가 두 개의 조건인 number < 3과 number > 10 중 number < 3을 충족하기 때문에 구문인 3보다 작거나 10보다 큰 수가 출력됩니다.

```
let number = 2
if((number < 3) || (number > 10)){
  console.log('3보다 작거나 10보다 큰 수')
}
```

조건문 안에 사용할 수 있는 연산자는 피연산자와 같은지 비교하는 ==, 다른지 비교하는 !=, 혹은 <, >, <=, >=와 같이 부등호 연산자를 사용해 크기를 비교할 수 있습니다.

반복문

이번에는 숫자 1부터 5까지 출력하는 프로그래밍을 작성해보겠습니다. 어떻게 작성하면 될까요? console.log()를 사용해 출력합니다. 지금까지 배운 것을 토대로 작성한다면 다음과 같이 작성할 수 있습니다.

```
console.log(1)
console.log(2)
console.log(3)
console.log(4)
console.log(5)
```

5까지만 출력하기 때문에 괜찮아 보입니다. 하지만 만약 10000까지 출력해야 한다면 1만 번 모두 작성해야 할까요? 바로 이때 **반복문**을 사용하면 쉽게 해결할 수 있습니다. 반복문은 for 예약어를 사용합니다. 다시 1부터 5까지 출력하는 코드를 작성해보겠습니다.

```
for(let i = 1; i < 6; i++){
  console.log(i)
}
```

반복문을 활용해 훨씬 간단한 작성을 할 수 있게 됐습니다. 10000까지 출력하고 싶다면 숫자 6을 10001로 변경하면 됩니다.

반복문은 크게 두 개의 영역으로 구성됩니다. 첫 번째는 반복 설정 영역으로 for()에서 ( ) 안에 작성합니다. 두 번째는 반복적으로 실행할 구문 작성 영역으로 { } 안에 작성합니다. 반복 설정 영역은 ;을 기준으로 다시 세 개로 나눠집니다. 첫째, 초기화 영역으로 반복에 사용할 변수를 초기화하는 곳이며 let i = 1이 해당합니다. 둘째, 반복을 실행할지 검사하는 조건 영역으로 i < 6이 해당합니다. 마지막으로 증감 영역이며 초기화 영역에서 초기화한 변수를 얼마만큼 증가 또는 감소시킬지 설정하는 곳이며 i++가 해당합니다.

반복문이 실행되는 순서를 알아보겠습니다. 변수를 초기화하는 영역은 반복문이 실행될 때 처음 한 번만 실행합니다. 변수 i에 1이 저장된 다음에는 조건을 검사하는 두 번째 구문인 i < 6이 실행됩니다. 변수 i가 1이기 때문에 조건에 만족합니다. 조건을 충족하면 구문 작성 영역의 { } 안에 있는 구문이 실행되고 구문이 모두 실행된 후에는 증감 영역으로 이동해 i++을 실행하고 변수 i 안에 있는 수를 1만큼 더합니다. 즉 변수 i 안에 저장된 1이 2가 됩니다. 증감 영역이 끝나면 두 번째 조건 영역

으로 넘어갑니다. 조건을 충족하기 때문에 { }를 다시 실행하고 증감 영역으로 이동합니다. 역시 변수 i를 1만큼 더합니다. 이렇게 반복적으로 실행하면서 조건을 만족하지 않으면, 즉 변수 i가 6이 되면 반복을 멈추게 됩니다.

숫자 2부터 10까지 짝수를 출력하고 싶다면 다음과 같이 작성할 수 있습니다.

```
for(let i = 2; i < 11; i=i+2){
  console.log(i)
}
```

또는 조건문을 함께 사용해 다음과 같이 작성할 수도 있습니다. 반복문에서 변수 i는 1부터 10까지 반복되고 조건문에서는 변수 i를 2로 나눈 나머지가 0인지 검사해 결과가 맞다면 해당 숫자를 출력하는 코드입니다. 참고로 짝수는 2로 나눴을 때 나머지가 0입니다.

```
for(let i=1; i < 11; i++){
  if(i % 2 == 0){
    console.log(i)
  }
}
```

반복문을 처음 접하면 외워야 하는 부분이 많기 때문에 바로 이해가 안 될 수도 있습니다. 반복을 시작하기 위한 '초기화 영역'과 반복을 이어갈지 결정하는 '조건 영역', 초기화 변수를 증감시키는 '증감 영역'이 있다는 점을 기억하고, 반복을 실행할 때마다 실행 영역 안 변수가 어떻게 변하는지 체크하면서 진행하면 훨씬 이해하기 쉬워질 것입니다.

배열과 객체

반복문을 배웠으니 반복문과 함께 사용하면 편리한 데이터형을 알아보겠습니다. 바로 복수의 데이터를 다루는 **배열**array과 **객체**object입니다. 복수의 데이터를 관리할 때 배열이나 객체 중 무엇이 더 좋은지 명확한 답은 없습니다. 개발자가 스스로 판단해 선택하면 됩니다. 보통 배열은 동일한 데이터 유형을 순서대로 관리하고 싶을 때 자주 사용하며, 객체는 속성 이름을 명시할 수 있기 때문에 좀 더 복잡한 데이터 관계가 있을 때 사용합니다. 지금부터 배열과 객체를 살펴보겠습니다.

배열

먼저 다섯 명의 국어 점수의 합계를 구하는 코드를 작성해보겠습니다.

```
let person1_kor = 10
let person2_kor = 20
let person3_kor = 100
let person4_kor = 80
let person5_kor = 90
let total = person1_kor + person2_kor + person3_kor + person4_kor + person5_kor
```

예제 코드처럼 작성해도 국어 점수의 합계를 구할 수 있지만 복수의 데이터를 관리하는 배열을 사용하면 훨씬 쉽고 편리하게 코드가 됩니다. 다음과 같이 간단하게 작성할 수 있습니다.

```
let person_kor = [10, 20, 100, 80, 90]
total = person_kor[0] + person_kor[1] + person_kor[2] + person_kor[3] + person_kor[4]
```

배열을 사용하면 국어 점수를 관리할 때 person_kor이라는 변수명 하나만 기억하면 되기 때문에 매우 편리합니다. 변수 다섯 개를 사용하는 것보다 훨씬 기억하기 쉽습니다. 만약 우리가 관리해야 하는 데이터양이 1만 개라고 생각해보면 왜 배열이 편리한지 느껴질 것입니다.

배열은 데이터를 관리할 때 배열명과 인덱스를 같이 사용합니다. 다음 코드는 배열에 데이터를 변경하는 코드입니다. 첫 번째 데이터를 person_kor에 가져올 때 person_kor과 [0]을 붙여서 person_kor[0]으로 작성합니다. 숫자 0이 인덱스입니다. 두 번째 데이터를 가져올 때는 person_kor[1]으로 작성합니다. 이때 배열에서 인덱스는 0부터 시작한다는 점, 꼭 기억하세요!

```
let person_kor = [10, 20, 100, 80, 90]
person_kor[0] = 200
```

배열에 데이터를 추가 및 삭제할 수도 있습니다. 다음은 아무것도 없는 배열을 생성하고 데이터를 추가 및 삭제하는 코드입니다. 데이터를 추가하고 싶다면 **배열명**.push(데이터)를, 즉 person_kor.push(10)처럼 사용합니다. 마지막 데이터를 삭제하고 싶다면 person_kor.pop()와 같이 pop()을 사용합니다.

```
let person_kor = []
person_kor.push(10)
person_kor.push(20)
person_kor.pop()
```

해당 배열에 저장된 데이터의 수를 알고 싶다면 다음과 같이 **배열명**.length를, 즉 person_kor.length

처럼 사용합니다.

```
let person_kor = [10, 20, 100, 80, 90]
person_kor.length
```

배열은 특히 반복문과 같이 사용하면 찰떡입니다. 다섯 개의 국어 점수 합계를 구하는 코드를 반복문과 배열을 사용해 작성해보겠습니다. 반복문에서 사용하는 초기화 변수 i로 배열의 각 데이터에 접근하고 total 변수에 데이터를 더했습니다.

```
let person_kor = [10, 20, 100, 80, 90]
let total = 0
for(let i = 0; i < person_kor.length; i++){
  total = total + person_kor[i]
}
```

반복문과 배열을 같이 사용하면 다수의 데이터에 대한 연산을 쉽게 구현할 수 있다는 점도 알아두기를 바랍니다.

객체

이번에는 국어 점수뿐만 아니라 수학 점수까지 관리하는 코드를 구현해보겠습니다. 다섯 명의 국어 점수와 수학 점수의 합계를 구하는 프로그램을 작성합니다. 다음과 같이 배열과 반복문으로 구현할 수 있습니다.

```
let person_kor = [10, 20, 100, 80, 90]
let person_math = [40, 50, 60, 20, 100]
let total = [0,0]
for(let i = 0; i < person_kor.length; i++){
  total[0] = total[0] + person_kor[i]
  total[1] = total[1] + person_math[i]
}
```

배열을 사용해도 불편하지는 않습니다. 하지만 데이터 간 관계를 보면 배열로 국어/수학 점수를 따로 묶는 것보다 국어/수학 점수를 가진 사람을 기준으로 관리하는 것이 데이터 간 관계를 더 잘 표현한다고 할 수 있습니다. 이때 국어/수학 점수를 가진 사람을 '객체'라는 데이터형으로 표현할 수 있습니다. 다음과 같이 객체를 표현할 때는 { }를 사용하고 :을 기준으로 왼쪽에는 속성 이름('**국어**')을 작성하고, 오른쪽에는 데이터('**10**')를 작성합니다. 여러 개의 속성을 작성할 때는 ,로 구분합니다.

```
let person = { '국어' : 10, '수학': 40 }
let person1 = { '국어' : 20, '수학' : 60 }
```

객체 속성의 값을 변경할 때는 **객체명['속성명']**처럼, 즉 현재 코드에서는 person['국어']로 작성합니다.

```
let person = { '국어' : 10, '수학': 40 }
let person1 = { '국어' : 20, '수학' : 60 }
person['국어'] = 100
let total_kor = person['국어'] + person1['국어']
```

마지막으로 배열, 객체, 반복문을 사용해 국어와 수학 점수 합계를 구하는 코드를 작성해보겠습니다.

```
let person = []
let total = {
  '국어':0,
  '수학':0
}
person.push({ '국어' : 10, '수학': 40 })
person.push({ '국어' : 100, '수학': 20 })
person.push({ '국어' : 30, '수학': 30 })

for(let i = 0; i < person.length; i++){
  total['국어'] = total['국어'] + person[i]['국어']
  total['수학'] = total['수학'] + person[i]['수학']
}
```

코드를 보면 person 배열을 생성하고 세 개의 객체를 추가했습니다. 배열 안의 데이터들이 객체일 때는 반복문 안에 변수 i를 이용해 person[i] 배열에 먼저 접근한 후 객체의 **속성명['국어']**를 사용해 최종적으로 데이터를 불러옵니다. 이렇게 배열 안에 객체를 집어넣고 반복문을 통해 연산을 구현하는 구문은 프로그래밍을 한다면 굉장히 많이 사용하는 패턴이니 반드시 기억하기를 바랍니다.

함수

앞서 살펴본 코드에서 평균을 구하는 기능을 추가해보겠습니다. 먼저 국어 점수의 평균을 구하는 기능을 추가합니다.

```
let person = []
let total = {
```

```
    '국어':0,
    '수학':0
}
person.push({ '국어' : 10, '수학': 40 })
person.push({ '국어' : 100, '수학': 20 })
person.push({ '국어' : 30, '수학': 30 })

for(let i = 0; i < person.length; i++){
  total['국어'] = toal['국어'] + person[i]['국어']
  total['수학'] = toal['수학'] + person[i]['수학']
}

let average_kor = total['국어'] / person.length
```

이제 수학 점수 평균을 구하는 기능을 추가합니다. 국어 점수 평균을 구할 때와 데이터만 달라질 뿐 평균을 구하는 방법은 같습니다. 이렇게 기능이 중복될 때는 함수를 이용해 구현하면 편리합니다. 코드 기능이 중복될 경우 함수를 어떻게 활용하는지 다음 코드를 봅시다.

```
function average(total, length){
  return total / length
}

let person = []
let total = {
  '국어':0,
  '수학':0
}
person.push({ '국어' : 10, '수학': 40 })
person.push({ '국어' : 100, '수학': 20 })
person.push({ '국어' : 30, '수학': 30 })

for(let i = 0; i < person.length; i++){
  total['국어'] = toal['국어'] + person[i]['국어']
  total['수학'] = toal['수학'] + person[i]['수학']
}

let average_kor = average(total['국어'], person.length)
let average_math = average(total['수학'], person.length)
```

함수를 구현할 때는 먼저 함수를 정의해야 합니다. 함수를 정의할 때는 function 예약어를 사용하며 함수는 함수명, 입력 매개변수 영역, 함수 실행 영역으로 구성됩니다. 코드 예제에서는 average 함수명을 사용했습니다. 바로 따라오는 (total, length)는 입력 매개변수 영역으로 총 두 개의 데이터를 전달받을 수 있고 각 데이터는 total, length 변수에 저장됩니다. 입력 매개변수의 개수는 자유롭게 결정할 수 있습니다. 지금 average 함수는 총 두 개의 데이터를 전달받으면 되기 때문에 total, length 두 개를 작성했지만 만약 세 개를 사용한다면 total, length, temp처럼 변수명을 하나 더 작성하면 됩니다.

매개변수로 전달된 데이터는 함수 실행 영역에서 사용할 수 있습니다. return 예약어는 함수가 실행된 후 값을 반환하는 역할을 하며, average 함수는 평균값을 반환합니다.

이렇게 정의한 함수는 함수명과 입력 매개변수에 전달한 데이터를 함께 작성해서 사용할 수 있습니다. 이때 함수를 사용하는 것을 '함수를 호출한다'고 표현합니다. 코드 예제에서는 average(total['국어'], person.length)가 average 함수를 호출하는 구문입니다.

함수에 데이터를 입력해 호출하면 해당 데이터는 함수로 데이터가 전달되고 함수 실행 영역에서 구문을 실행한 후 return을 만나 값을 반환합니다. 즉 average(total['국어'], person.length)로 함수를 호출하면 함수 정의 부분 total에 total['국어']의 데이터가 저장되고, length에 person.length가 저장됩니다. total / length을 통해 평균을 계산하고 return에 의해 평균값이 반환됩니다. 이렇게 반환된 평균은 let average_kor = 평균값으로 average_kor 변수에 저장됩니다. average(total['수학'], person.length)로 호출하면 수학 점수 합계와 사람 수가 전달돼 수학의 평균값을 반환합니다.

함수 실행 영역에서 입력 매개변수 외에도 자유롭게 변수를 생성하고 사용할 수 있습니다. 예를 들어 평균에 * 100한 값을 반환하고 싶다면 함수를 다음과 같이 수정할 수 있습니다. 물론 조건문, 반복문도 자유롭게 사용할 수 있습니다.

```
function average(total, length){
  let consNumber = 100
  return (total / length) * 100
}
```

함수로 기능을 구현하면 재사용은 물론 코드 수정이 쉬워진다는 이점이 있습니다. 예를 들어 평균을 구할 때 함수를 사용하지 않고 구현했다면 다음과 같이 구현했을 겁니다.

```
let person = []
let total = {
  '국어':0,
  '수학':0
}
person.push({ '국어' : 10, '수학': 40 })
```

```
person.push({ '국어' : 100, '수학': 20 })
person.push({ '국어' : 30, '수학': 30 })

for(let i = 0; i < person.length; i++){
  total['국어'] = toal['국어'] + person[i]['국어']
  total['수학'] = toal['수학'] + person[i]['수학']
}

let average_kor = total['국어'] / person.length
let average_math = total['수학'] / person.length
```

이렇게 구현을 완료했는데 평균 + 100을 해야 하는 상황이 발생한다면 총 두 번 + 100을 추가해야
합니다.

```
let person = []
let total = {
  '국어':0,
  '수학':0
}
person.push({ '국어' : 10, '수학': 40 })
person.push({ '국어' : 100, '수학': 20 })
person.push({ '국어' : 30, '수학': 30 })

for(let i = 0; i < person.length; i++){
  total['국어'] = toal['국어'] + person[i]['국어']
  total['수학'] = toal['수학'] + person[i]['수학']
}

let average_kor = total['국어'] / person.length + 100
let average_math = total['수학'] / person.length + 100
```

하지만 함수로 구현했다면 함수 안에서 다음과 같이 한 번만 고치면 됩니다.

```
function average(total, length){
  return (total / length) + 100
}
```

예제 코드에서는 평균을 두 번만 구하기 때문에 수정을 한 번 하거나 두 번 한다는 사소한 차이라고
생각할 수 있습니다. 하지만 평균을 1만 번 사용한다고 가정하면 함수를 사용하지 않을 때는 코드를
1만 번 수정해야 하지만 함수를 사용하면 한 번만 수정하면 됩니다. 함수는 프로그래밍 개념 중에서
구조적인 코드를 작성할 때 기본이 되는 개념입니다. 충분히 이해를 하고 넘어가기를 바랍니다.

클래스

앞서 다수의 데이터를 다룰 때 객체를 알아봤습니다. 다음과 같이 국어 점수와 수학 점수를 속성으로 갖는 사람을 객체로 정의했었습니다.

```
let person = {'국어':10, '수학':20}
```

person과 똑같은 속성을 갖고 데이터만 다른 객체를 세 개 만들면 다음과 같이 구현할 수 있습니다.

```
let person = {'국어':10, '수학':20}
let person1 = {'국어':30, '수학':40}
let person2 = {'국어':100, '수학':90}
```

이제 속성이 같고 데이터만 다를 때 사용하면 좋은 개념이 있을 것 같다는 생각이 들 겁니다. 맞습니다. 이때 **클래스**를 사용하면 됩니다.

```
class Person {
  constructor(kor, math){
    this.kor = kor
    this.math = math
  }
}
```

클래스를 사용하려면 함수와 마찬가지로 먼저 정의를 해야 합니다. class 예약어를 사용하고 클래스명을 작성합니다. 클래스는 Person처럼 가장 앞을 대문자로 작성합니다. { } 안에는 메서드 constructor를 작성합니다. constructor는 '생성자'라는 의미이며, 메서드는 클래스 안에 작성한 함수를 말합니다. 단 constructor는 function 예약어를 사용하지 않는다는 점을 주의하세요. 그리고 생성자 constructor 안에 this.kor라고 작성한 것처럼 this와 같은 속성명을 사용해 속성을 정의합니다.

```
class Person {
  constructor(kor, math){
    this.kor = kor
    this.math = math
  }
}

function myFunction(){
```

```
    let person = new Person(10, 20)
 }
```

정의한 클래스는 new 예약어와 클래스명, 생성자에 전달한 데이터를 작성해 사용합니다. new와 함께 클래스가 호출되면 클래스 안의 생성자 constructor 메서드가 실행됩니다. 이렇게 생성된 객체에는 kor은 10, math는 20이 저장된 상태로 person에 저장됩니다. 이때 클래스로 생성한 객체를 **인스턴스** instance라고 합니다.

person에 저장된 객체의 데이터에 접근할 때는 역시 변수명과 속성명을 통해 접근할 수 있습니다. 예제 코드에서는 person['kor'] 부분입니다. 또한, 연산자 .을 사용해 person.kor에도 접근할 수 있습니다.

```
class Person {
  constructor(kor, math){
    this.kor = kor
    this.math = math
  }
}

function myFunction(){
  let person = new Person(10, 20)
  console.log(person['kor'])
  console.log(person.kor)
}
```

이렇게 클래스를 작성한다면 다음과 같이 데이터만 수정하면서 객체를 계속 생성할 수 있습니다.

```
class Person {
  constructor(kor, math){
    this.kor = kor
    this.math = math
  }
}
function myFunction(){
  let person = new Person(10, 20)
  let person1 = new Person(100,40)
  let person2 = new Person(40, 50)
}
```

객체를 매번 직접 작성하는 것은 매우 번거로운 일입니다. 클래스를 이용하면 객체 생성이 훨씬 더 간단해집니다. 클래스를 사용하면 데이터를 다룰 때 편하다는 점 외에도 또 다른 이점이 있습니다. 바로 클래스 안에 데이터를 다룰 수 있는 함수를 작성해 기능을 추가할 수 있다는 점입니다. 예를 들어 Person에 국어 점수와 수학 점수를 저장한 후 평균 및 합계를 구하는 기능을 구현할 수 있습니다. 평균 및 합계를 구하는 코드를 추가한 다음 코드를 봅시다.

```
class Person {
  constructor(kor, math){
    this.kor = kor
    this.math = math
  }
  totalSum(){
    return this.kor + this.math
  }
  average(){
    return this.totalSum() / 2
  }
}
```

클래스 안에 메서드를 작성할 때는 function 예약어 없이 함수를 작성하는 것처럼 작성하면 됩니다. 합계를 반환하는 totalSum 메서드에서는 클래스가 가진 속성 kor과 mat 데이터의 합을 구하면 되기 때문에 this.kor + this.math을 사용합니다. 메서드에서 클래스 안의(생성자 안에서 생성한) 변수에 접근할 때는 this를 사용합니다. 평균을 구할 때는 총합에서 2만큼 나누면 되므로 totalSum()을 호출하고 2로 나눕니다. 마찬가지로, 메서드를 호출하기 때문에 this를 사용해 totalSum()을 호출합니다.

객체를 생성하고 메서드를 사용할 때는 객체명과 메서드명으로 호출합니다.

```
class Person {
  constructor(kor, math){
    this.kor = kor
    this.math = math
  }
  totalSum(){
    return this.kor + this.math
  }
  average(){
    return this.totalSum() / 2
  }
}
function myFunction(){
```

```
    let person = new Person(10, 20)
    let person1 = new Person(100,40)
    let person2 = new Person(40, 50)

    person.totalSum()
    person.average()
    person1.average()
    person2.totalSum()
    person2. average ()
}
```

이와 같이 클래스로 객체를 생성하면 동일한 속성과 기능을 가진 객체를 손쉽게 생성할 수 있다는
장점이 있습니다. 클래스는 컴퓨터 프로그래밍 방법론 중 하나인 객체지향 프로그래밍object-oriented
programming, OOP의 기본이 되는 개념이며, 앞으로 우리가 사용할 앱스 스크립트 라이브러리 기능도
전부 클래스로 구현되어 있어 매우 중요한 개념입니다. 하지만 클래스 개념은 매우 어려워 바로 이해
하는 사람이 드문 편입니다. 일단 클래스 안의 메서드를 호출하는 방법 정도만 기억하기를 바랍니다.

CHAPTER 8

이메일 발송 프로그램

본격적으로 앱스 스크립트를 시작하기 전 앞으로 만들 이메일 발송 프로그램을 살펴보겠습니다. 해당 프로그램이 어떻게 동작하는지, 어떻게 구성되었는지, 그리고 어떤 기능이 필요한지 등을 알아보는 것은 프로그램의 전체 그림을 파악할 수 있도록 도와줍니다. 이뿐만 아니라 프로그램 진행 학습 중 지금 만드는 부분이 어디이며 현재 상태는 어떠한지 알 수 있도록 해줍니다. 또한, 만들려고 하는 기능의 동작을 통해 무엇을 구현해야 하는지 더 명확해질 것입니다. 현업에서도 예상 결과와 개발 결과를 비교하면서 잘 개발되었는지 확인하며 진행합니다. 여러분도 이 과정을 함께 진행하기를 바랍니다.

앞서 알아본 프로그래밍의 기본 개념과 문법을 활용해 이메일 발송 프로그램이 어떻게 동작하는지 프로세스를 살펴보겠습니다. 프로그램을 실행하면 구글 스프레드시트에 저장된 데이터를 읽어온 후 읽어온 데이터를 참고해 회원 역할에 맞는 이메일 내용을 작성한 후 회원의 이메일로 발송합니다. 발송이 끝나면 발송 시간과 몇 개를 발송했는지 스프레드시트에 기록하고 프로그램은 완료됩니다.

지금부터 회원 데이터를 읽고 회원의 역할에 따라 메일 내용을 작성한 후 발송하는 기능을 구현할 것입니다. 3부의 최종 결과 소스 파일은 다음 URL에서 확인할 수 있습니다.

URL https://bit.ly/3MkymuF

스프레드시트 파일은 다음 URL에서 확인할 수 있습니다.

URL https://bit.ly/3CnMLml

이메일 발송 프로그램 동작 과정

이메일 프로그램을 구현하는 순서, 프로세스와 개발 방법은 4단계를 거쳐 완성됩니다. 첫째, 구글 스프레드시트에 저장된 데이터(회원 명부와 이메일 내용)를 가져와야 합니다. 둘째, 가져온 정보를 바탕으로 회원과 이메일 내용을 매칭하고 수정 및 추가하는 단계를 거칩니다. 셋째, 수정된 이메일 내용을 회원의 이메일로 발송합니다. 마지막으로 발송 결과를 스프레드시트에 저장합니다.

이메일 발송 프로그램의 4단계는 프로그램을 만들 때 일반적으로 거치는 단계입니다. 1단계는 저장된 정보를 읽어오는 단계이며 2, 3단계는 읽어온 정보를 목적에 맞게 수정하는 단계, 4단계는 수정 처리된 정보(결과)를 다시 저장하는 단계입니다. 대부분 애플리케이션의 프로세스는 데이터를 읽고, 처리하고, 저장하는 기능을 확장한 것입니다.

지금부터 이메일 발송 프로그램을 만들겠습니다. 7장의 기본 개념과 문법을 사용해 한 명의 회원에게 이메일을 발송하는 프로그램과 여러 명의 회원에게 이메일을 발송하는 프로그램, 두 가지 프로그램을 만들어봅시다. 이때 3부에서 이메일 프로그램을 만들 때 필요한 라이브러리를 다루나 구글 라이브러리와 관련한 자세한 내용은 4부에서 다루겠습니다. 자, 이제 시작합니다.

8.1) 한 명의 회원에게 이메일 발송하기

다수의 회원에게 이메일을 발송하는 프로그램을 만들기 전에 한 명에게만 이메일을 발송하는 프로그램을 먼저 만들어보겠습니다. 한 명에게 이메일을 발송하는 프로그램이라도 만드는 프로세스와 구조는 동일합니다. 회원 정보를 읽어오고 이메일 내용과 제목을 만들고 발송하며 결과를 저장하는 과정으로 진행됩니다. 이러한 점진적인 개발 방법은 현업에서 프로그램을 개발할 때 사용하는 방법이기도 하지만, 동일한 기능을 반복적으로 구현하고 기능을 조금씩 확장한다는 점에서 매우 효과적인 학습 방법입니다.

스프레드시트에서 앱스 스크립트 시작하기

7장의 도입부에서 살펴본 앱스 스크립트 프로젝트를 생성하는 방법 외에도 프로젝트를 생성하는 방법이 있습니다. 구글 앱스에서 프로젝트를 생성하는 방법입니다. 스프레드시트 또는 구글 문서에서 앱스 스크립트를 생성하면 됩니다. 구글 드라이브로 이동해 새로운 스프레드시트 파일을 생성한 후 **확장 프로그램** ➡ **Apps Script**를 클릭하면 해당 스프레드시트와 연동된 앱스 스크립트 프로젝트가 생성됩니다.

스프레드시트에서 앱스 스크립트 프로젝트 생성하기

7장에서 살펴본 방법으로 만들었을 때와 같은 편집기 화면이 나타납니다. 제목은 First Sheet Script 로 변경합니다. 앞선 과정처럼 편집 영역에 다음과 같이 작성하고 저장 및 실행합니다.

```
function myFunction() {
  Logger.log("Hello World");
}
```

7.1절에서 살펴본 방법으로 실행했을 때와 같은 결과가 출력됩니다. 이렇게 생성한 앱스 스크립트 프로젝트는 해당 스프레드시트와 연동되어 프로그래밍하기가 더 편리합니다. 앱스 스크립트 프로젝트를 생성하고 실행하는 두 가지 방법 중에서는 이 방법을 더 많이 사용하지만 직접 실행해보고 자신에게 맞는 방법을 선택하기 바랍니다.

스프레드시트에서 데이터 가져오기: 변수

앱스 스크립트 프로젝트에서 사용할 스프레드시트 파일을 만들고 프로그래밍에 사용할 회원 정보를 입력하겠습니다. 이때 7장에서 살펴본 '변수'를 사용합니다.

구글 드라이브로 이동해 스프레드시트 파일을 생성합니다. 파일명은 '8장 데이터 가져오기'로, 시트1 이름은 '후원자정보'로 변경합니다. 후원자 정보를 입력할 때는 후원자 정보 항목으로 이메일과 회원 이름(성함), 회원 구분을, 1행 2열에는 '후원자리스트'를 입력합니다. 데이터는 임의로 작성합니다. 이때 주의할 점은 이메일을 입력할 때 본인이 이메일을 확인할 수 있는 계정을 사용해야 한다는 점입니다. 그래야 실제로 이메일이 발송되는지 체크할 수 있습니다.

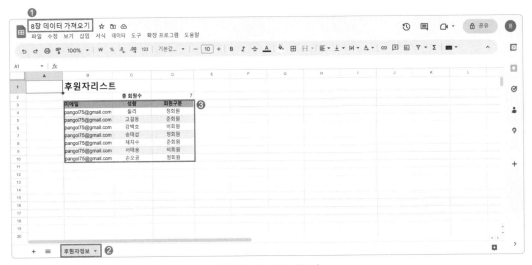

후원자정보 시트 만들기

시트를 새로 생성하고 시트명을 '이메일내용'으로 변경합니다. 데이터는 다음과 같이 입력합니다. 회원 별로 인사말, 본문, 맺음말을 작성합니다.

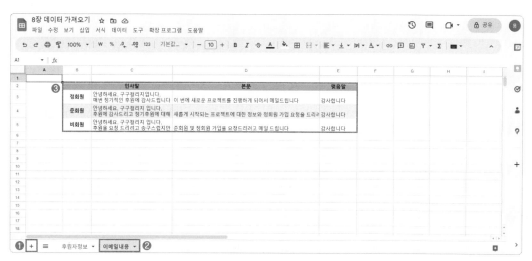

이메일내용 시트 만들기

마지막으로 전송결과 시트를 새로 생성합니다. 해당 시트에서는 앱스 스크립트 프로젝트가 실행되면 몇 개의 이메일을 발송했는지 앱스 스크립트에서 기록합니다.

데이터 준비가 끝났으면 **확장 프로그램 ➡ Apps Script**를 클릭해 프로젝트를 생성합니다. 제일 먼저 후원자정보 시트에 있는 후원자 리스트 데이터를 가져오겠습니다. 편집기에서 다음과 같이 작성합니다. 작성한 코드를 보면 의미를 모르는 것이 가득합니다. 괜찮습니다. 이때 기억해야 할 것은 get Range()에 행과 열의 숫자를 입력하면 데이터를 가져올 수 있다는 점입니다. SpreadsheetApp은 구글이 이미 만들어놓은 기능(객체)이라고 이해합시다. '후원자리스트'라는 문자가 스프레드시트의 1행 2열에 위치하고 있으므로 getRange(1,2)라고 입력했습니다.

```
function myFunction() {
  SpreadsheetApp.getActiveSheet().getRange(1, 2).getValue();
}
```

메뉴에서 프로젝트를 저장한 후 ▶ 실행 을 클릭하면 권한과 관련된 문구가 나타납니다. 스프레드시트에서 앱스 스크립트를 실행하려면 승인이 필요합니다. [권한 검토] 버튼을 클릭하고 본인 계정을 선택한 후 허용합니다.

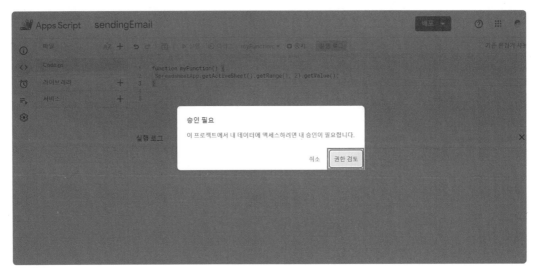

권한 검토

실행하면 실행 로그 창에 실행 시작과 완료가 출력됩니다.

스프레드시트 첫 번째 프로그램 실행 화면

이제 코드를 살짝 변경해 실제 값이 불러왔는지 출력해보겠습니다. Hello World를 출력시킬 때 사용한 Logger를 사용합니다. Logger.log()에 작성하고 실행합니다.

```
function myFunction() {
  Logger.log(SpreadsheetApp.getActiveSheet().getRange(1, 2).getValue());
}
```

실행 로그에 **후원자리스트**가 정상적으로 출력되는 걸 확인할 수 있습니다.

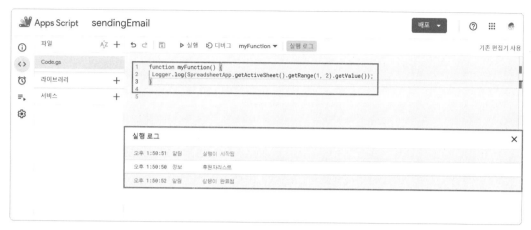

후원자 리스트 실행 화면

이번에는 시트에 있는 첫 번째 회원의 이메일을 불러와 출력해보겠습니다. 해당 이메일은 4행 2열에 있습니다. getRange()의 숫자만 4와 2로 변경한 후 실행합니다.

```
function myFunction() {
  Logger.log(SpreadsheetApp.getActiveSheet().getRange(4, 2).getValue());
}
```

한 번 더 연습해보겠습니다. 첫 번째 회원의 이름을 출력해보겠습니다. 첫 번째 회원의 이름은 4행 3열에 위치합니다. 다음과 같이 코드를 작성하고 실행하는데 역시 getRange의 숫자만 변경합니다.

```
function myFunction() {
  Logger.log(SpreadsheetApp.getActiveSheet().getRange(4, 3).getValue());
}
```

이제 불러온 데이터를 프로그램 안에 저장합니다. 데이터를 저장해야 프로그램이 데이터를 이용해 이메일을 발송할 수 있습니다. 프로그램에 데이터를 저장할 때는 변수를 사용합니다. 앱스 스크립트에서 변수는 let이라는 예약어와 변수명을 함께 사용합니다. 예약어는 앱스 스크립트에서 미리 정의해놓은 언어이며 다른 용도로 사용할 수 없습니다. 다음과 같이 코드를 작성하고 실행합니다.

```
function myFunction() {
  let ss = SpreadsheetApp.getActiveSheet();
  let name = ss.getRange(4, 3).getValue();
  Logger.log(name);
}
```

실행 로그에 예약어와 변수명을 함께 사용한 결과가 정상적으로 출력됩니다.

변수 사용 화면

SpreadsheetApp.getActiveSheet().getRange(4,3).getValue()는 코드가 길어 두 부분으로 나누어 작성합니다. 이때 사용할 수 있는 것이 변수입니다. let ss를 작성해 ss 변수를 선언했습니다. 선언한 다는 것은 프로그램에서 ss를 변수로 사용할 것이라고 컴퓨터에 알리는 행위입니다. 변수를 선언할 때는 let 예약어와 함께 한 칸 띄고 변수명을 입력합니다. 변수명을 작성할 때는 맨 앞에 숫자로 시작하면 안 됩니다. 가급적 특수문자는 사용하지 않는 게 좋으며 띄어쓰기 없이 붙여서 작성해야 합니다.

선언한 후에는 ss로 데이터를 저장하고 불러올 수 있습니다. let ss = SpreadsheetApp.getActive Sheet();로 데이터를 불러올 시트를 저장합니다. 이후 ss 변수를 사용해 직접 데이터를 접근할 수 있습니다. 변수에 값을 저장할 때는 **변수명 = 값**으로 작성합니다. =를 사용한다는 점과 =을 기준으로 변수명은 좌측, 저장할 데이터는 우측에 작성한다는 점 기억하세요.

이제 let name을 작성해 name 변수를 선언합니다. name = ss.getRange(4, 3).getValue()은 4행 3열에 위치한 데이터를 name 변수에 저장합니다. 4행 3열에는 첫 번째 회원의 이름이 있습니다. 변수 ss에 시트가 저장되어 있어 ss.getRange().getValue()를 사용할 수 있습니다. 변수를 사용해 앞서 사용한 SpreadsheetApp.getActiveSheet().getRange().getValue()보다 가독성이 높고 재사용성이 높은 코드가 되었습니다.

Logger.log(name)은 name에 있는 데이터를 출력하라는 의미입니다. 실행 결과를 보면 첫 번째 회원 이름이 출력됩니다.

변수 사용에 익숙해질 수 있도록 한 번 더 연습해보겠습니다. 다른 데이터를 시트에서 불러오고 저장해봅시다. 이번에는 첫 번째 회원의 이름과 이메일을 가져와 출력합니다. 변수 email을 만들고 사용합니다. 이메일은 4행 2열에 위치합니다. 다음과 같이 작성합니다.

```
function myFunction() {
  let ss = SpreadsheetApp.getActiveSheet();
  let name;
  name = ss.getRange(4, 3).getValue();
  Logger.log(name);

  let email;
  email =ss.getRange(4, 2).getValue();
  Logger.log(email);
}
```

총 회원 수를 출력해봅시다. 변수 numOfMem를 선언하고 =를 활용해 데이터를 바로 저장할 수도 있습니다.

```
function myFunction() {
  let ss = SpreadsheetApp.getActiveSheet();
  let name;
  name = ss.getRange(4, 3).getValue();
  Logger.log(name);

  let email;
  email = ss.getRange(4, 2).getValue();
  Logger.log(email);

  let numOfMem =ss.getRange(2, 4).getValue();
  Logger.log(numOfMem);
}
```

첫 번째 회원의 이름과 이메일, 총 회원 수가 출력됩니다.

변수 선언과 데이터 저장 실행 화면

변수에 바로 숫자를 저장할 수도 있습니다. 변수 **test**를 선언합니다. 다음과 같이 작성합니다.

```
function myFunction() {
  let test = 10;
  Logger.log(test);
}
```

시트에 저장된 데이터를 가져오는 방법과 가지고 온 데이터를 저장할 수 있는 변수 사용 방법을 알아봤습니다. 변수를 선언할 때 let이라는 예약어를 사용한다는 점, 다시 한번 기억하기를 바랍니다.

전송할 이메일 제목과 내용 만들기: 연산/데이터 유형

프로그램을 구현하는 두 번째 단계로 시트에서 가져온 데이터를 수정해 이메일 제목과 내용을 만들어보겠습니다. 이번에 사용할 문법과 개념은 '연산'과 '데이터 유형'입니다.

후원자정보 시트와 이메일내용 시트에서 데이터를 가져옵니다. 제목은 '○○ 회원님 안녕하세요!'로 하겠습니다. 제목을 완성하려면 후원자정보 시트에서 회원의 이름을 불러온 후 " **회원님 안녕하세요!**"를 붙입니다.

먼저 회원 이름을 불러오는 코드를 다음과 같이 작성합니다.

```
function myFunction() {
  let ss = SpreadsheetApp.getActiveSheet();
  let name;
  name =ss.getRange(4, 3).getValue();
  Logger.log(name);
}
```

회원 이름을 불러왔으면 " 회원님 안녕하세요!"를 회원 이름에 붙이는 과정이 남았습니다. 변수 title를 생성하고 " 회원님 안녕하세요!"를 저장합니다.

```
function myFunction() {
  let ss = SpreadsheetApp.getActiveSheet();
  let name;
  name =ss.getRange(4, 3).getValue();
  Logger.log(name);
  let title = " 회원님 안녕하세요!"
  Logger.log(title)
}
```

변수에는 숫자뿐만 아니라 문자열도 저장할 수 있습니다. 문자열은 " "로 감싸줘서 표현합니다. name 과 title을 붙여서 '○○ 회원님 안녕하세요!'를 출력할 수 있도록 변경하겠습니다. + 연산자를 사용합니다.

```
function myFunction() {
  let ss = SpreadsheetApp.getActiveSheet();
  let name;
  name =ss.getRange(4, 3).getValue();
  Logger.log(name);

  let title = " 회원님 안녕하세요"
  Logger.log(title)

  let mainTitle = name + title
  Logger.log(mainTitle)
}
```

문자열을 붙이려고 할 때 + 연산자를 사용하면 됩니다.

조금 더 난도를 높여봅시다. 이번에는 'ㅇㅇ 정회원님, 안녕하세요!'라는 제목을 만들어보겠습니다. 회원 이름과 회원 구분이 추가된 제목입니다. 회원 이름과 회원 구분을 시트에서 불러온 후 + 연산자를 사용해 붙여줍니다. 변수 **role**을 생성하고 해당 변수에 회원 구분을 저장합니다.

```
function myFunction() {
  let ss = SpreadsheetApp.getActiveSheet();
  let name;
  name = ss.getRange(4, 3).getValue();
  Logger.log(name);

  let role =ss.getRange(4, 4).getValue();

  let title = " 님, 안녕하세요!"
  Logger.log(title)

  let mainTitle = name + role + title
  Logger.log(mainTitle)
}
```

간단하게 데이터를 수정하고 싶을 때 연산자를 사용합니다. 앱스 스크립트에서 제공하는 사칙연산을 해보면서 연산 방법을 익혀봅시다. 사칙연산은 +, -, *, /를 연산자로 사용합니다.

```
function myFunction() {
  let a = 5;
  let b = 10;
  Logger.log( a + b);
  Logger.log( b - a);
  Logger.log( a * b);
  Logger.log( b / a);
}
```

실행 로그 창에서 연산자로 +, -, *, /를 사용한 결과를 확인할 수 있습니다.

사칙연산 실행 화면

사칙연산에서 덧셈 연산자인 +를 사용했습니다. 프로그래밍할 때 주의해야 할 점이 있습니다. 같은 연산자 +를 사용해도 어떤 데이터에 사용했는지에 따라 연산 기능이 달라진다는 점입니다. **"둘리"** + **"회원님"**으로 작성하면 둘리와 회원님을 붙이지만 1 + 2로 작성하면 덧셈을 수행합니다. 프로그래밍에서 사용하는 데이터는 유형이 있습니다. 데이터 유형에 따라 연산자가 같아도 다른 기능을 실행한다는 점을 꼭 기억하기를 바랍니다.

코드를 직접 작성해보면서 데이터 유형에 따라 결과가 어떻게 달라지는지 확인해보겠습니다.

```
function myFunction() {
  let test = 1;
  let test2 = "1";
  Logger.log(test + test2);
}
```

코드를 실행하면 11이 출력됩니다. "1" + "1" 연산을 수행했기 때문입니다. test2의 데이터 유형이 문자열이기에 앱스 스크립트에서는 test의 숫자 1을 문자열로 데이터 유형을 자동 변환하고 붙이는 연산을 실행한 결과입니다. 만약 덧셈 결과를 바라고 프로그래밍했다면 잘못된 결과가 나온 것입니다. 데이터 유형에 따라 연산이 달라질 수 있으니 데이터 유형에 유의하세요.

변수의 데이터 유형을 알고 싶다면 typeof를 사용합니다. typeof test2는 결과로 string을 출력합니다. 문자열은 데이터 유형을 string으로 표현합니다.

```
function myFunction() {
  let test = 1;
  let test2 = "1";
  Logger.log(test + test2);
  Logger.log(typeof test2);
}
```

다시 프로그램을 구현해봅시다. 메일 제목과 내용을 직접 작성하는 것이 아니라 스프레드시트에 저장된 데이터를 불러와 처리하겠습니다. 이메일 내용은 앞서 이메일내용 시트에 회원 역할별로 작성했습니다.

회원 정보를 읽고 변수 name에 저장합니다. 그 후 이메일 내용을 읽고 변수 mailTitle, mailBody를 선언해 출력하는 프로그램을 작성하겠습니다.

```
function myFunction() {
  let ss = SpreadsheetApp.getActiveSpreadsheet();
  let donationSheet = ss.getSheetByName("후원자정보");
  let emailSheet = ss.getSheetByName("이메일내용");
  let name = donationSheet.getRange(4, 3).getValue();
  let role = donationSheet.getRange(4, 4).getValue();

  let mailTitle = emailSheet.getRange(3,3).getValue();
  let mailBody = emailSheet. getRange(3,4).getValue();
  Logger.log(mailTitle + " " + mailBody);
}
```

앞선 코드와 달라진 것은 스프레드시트에서 값을 읽어오는 방법이 변경되었다는 점입니다. 이전에는 SpreadsheetApp.getActiveSheet().getRange(4, 3).getValue();로 작성해 시트를 지정하지 않았습니다. 이번에는 시트를 지정해 값을 읽어오고자 변수 ss에 SpreadSheetApp.getActiveSpreadsheet()로 스프레드시트 파일을 저장했습니다. 또한, 각 시트는 변수 donationSheet, emailSheet를 선언하고 ss.getSheetByName()에 시트의 이름을 작성해 저장했습니다. 실제 데이터를 가져올 때 getRange().getValue()를 사용하는 것은 같습니다. 데이터가 잘 저장되었는지 Logger.log를 활용해 출력해보겠습니다.

이메일내용 시트에서 데이터 불러오기와 연산 실행 화면

이대로 이메일을 보내면 제목이 밋밋하니 '○○ 정회원님, 반갑습니다.'를 붙여보겠습니다.

```
function myFunction() {
  let ss = SpreadsheetApp.getActiveSpreadsheet();
  let donationSheet = ss.getSheetByName("후원자정보");
  let emailSheet = ss.getSheetByName("이메일내용");

  let name = donationSheet.getRange(4, 3).getValue();
  let role = donationSheet.getRange(4, 4).getValue();

  let mailTitle = name + " " + role +"님,반갑습니다.";
  mailTitle += emailSheet.getRange(3,3).getValue();
  let mailBody = emailSheet.getRange(3,4).getValue();
  Logger.log(mailTitle + " " + mailBody);
}
```

변수 mailTitle에 name과 role, 다른 문자열을 + 연산자를 사용해 **둘리 정회원님,반갑습니다**를 만들었습니다. " "는 ""의 사이에 스페이스를 눌러 입력한 문자열입니다. 띄어쓰기를 표현하는 데 사용합니다. 다음은 +=로 변수 mailTitle에 인사말을 붙여줬습니다. A += B;는 A = A + B;를 축약한 표현입니다.

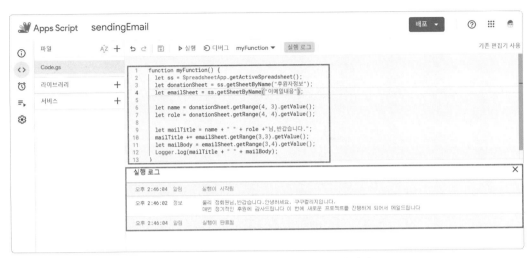

이메일 제목과 내용 만들기 최종 실행 결과 화면

데이터를 연산하는 방법과 스프레드시트에서 시트 이름을 이용해 저장된 데이터를 읽어오는 다른 방법도 알아봤습니다. 데이터 유형과 유형에 따른 표현 방법이 있으며 연산이 달라진다는 점 잊지 마세요.

이메일 발송하기: 라이브러리

이메일 전송 프로그램의 마지막 단계를 진행하겠습니다. 이메일을 보내는 데 필요한 정보는 회원의 이메일 주소, 이름, 이메일 제목, 내용입니다. 앞서 이름과 이메일 내용을 처리하는 프로그램을 작성했으니 이번에는 회원의 이메일 주소를 시트에서 불러와 저장하는 코드를 추가합니다.

```
function myFunction() {
  let ss = SpreadsheetApp.getActiveSpreadsheet();
  let donationSheet = ss.getSheetByName("후원자정보");
  let emailSheet = ss.getSheetByName("이메일내용");

  let mailAddress = donationSheet.getRange(4, 2).getValue();
  let name =donationSheet.getRange(4, 3).getValue();
  let role =donationSheet.getRange(4, 4).getValue();

  let mailTitle = name + " " + role +"님,반갑습니다.";
  mailTitle +=emailSheet.getRange(3,3).getValue();
  let mailBody =emailSheet.getRange(3,4).getValue();
  Logger.log(mailAddress + " " + mailTitle + " " + mailBody);
}
```

실행 로그에 이메일 주소, 이름, 이메일 제목, 내용이 출력됩니다.

회원 이메일 불러오기와 실행 화면

구글에서 이메일 전송 기능을 제공하고 있어 Logger를 사용해 간단히 처리할 수 있습니다. 이메일을 전송할 때 사용하는 것은 MailApp.sendEmail(emailAddress, subject, message)입니다. 괄호에 순서대로 이메일 주소, 제목, 메시지를 입력합니다. MailApp.sendEmail과 Logger.log처럼 구글에서 미리 구현해 제공하는 기능을 **라이브러리**라고 합니다. 라이브러리를 다루는 방법과 기능은 4부에서 자세히 알아보겠습니다. 지금은 이메일을 전송할 때 MailApp.sendEmail()을 사용한다는 점만 기억해주세요. 프로그램을 완성해보겠습니다.

```
function myFunction() {
  let ss = SpreadsheetApp.getActiveSpreadsheet();
  let donationSheet = ss.getSheetByName("후원자정보");
  let emailSheet = ss.getSheetByName("이메일내용");

  let mailAddress =donationSheet.getRange(4, 2).getValue();
  let name =donationSheet.getRange(4, 3).getValue();
  let role =donationSheet.getRange(4, 4).getValue();

  let mailTitle = name + " " + role +"님,반갑습니다.";
  mailTitle +=emailSheet.getRange(3,3).getValue();
  let mailBody =emailSheet.getRange(3,4).getValue();
  Logger.log(mailAddress + " " + mailTitle + " " + mailBody);
  MailApp.sendEmail(mailAddress, mailTitle, mailBody);
}
```

프로그램을 실행하면 후원자 메일로 작성한 내용이 전송됩니다.

메일 전송 결과

이메일 전송 프로그램을 3단계로 나누어 알아봤습니다. 첫째, 구글 스프레드 시트에 작성된 데이터를 읽어와 변수에 저장하고 둘째, 저장된 데이터를 연산자로 내용을 만들고 셋째, 작성된 이메일 데이터로 메일을 전송했습니다. 이 과정에서 변수, 데이터 유형과 연산 그리고 단순한 구글 라이브러리를 사용했습니다.

최종적으로 만들어야 하는 프로그램은 스프레드시트에 작성된 다수의 회원에게 메일을 전송하는 프로그램입니다. 지금까지 만든 한 명에게 발송하는 프로그램을 확장해 사용하는 프로그래밍 개념과 기법을 알아보겠습니다.

버그 잡기! 디버깅!

다음 과정으로 넘어가기 전 프로그래밍 오류를 해결하는 **디버깅**debugging을 알아보겠습니다. 메일 프로그램을 작성하다가 왜 디버깅을 알아보는지 의아할 수 있지만 매우 중요한 부분이니 짚고 넘어가도록 하겠습니다.

디버깅은 **버그**bug(프로그램 오류)를 없애는 작업을 말합니다. 프로그래밍을 하다 보면 프로그래밍 언어의 문법과 다르게 작성해 오류가 나거나 문법은 틀리지 않았지만 원했던 결과가 나오지 않을 때가 있습니다. 초보자는 주로 철자를 틀리는 단순한 오류가 많지만 프로그램의 규모가 커지면 프로그래밍하는 시간보다 디버깅을 더 오래하는 경우가 있습니다. 프로그래밍 능력만큼 디버깅 능력도 중요합니다.

기초적인 오류를 잡는 방법을 알아봅시다. 우선 다음과 같이 코드를 작성하고 실행합니다.

```
function myFunction() {
  Logger.log(testing);
}
```

실행 로그 창을 보면 빨간색으로 오류가 출력됩니다. 오류가 발생하면 문법에 맞지 않게 작성된 줄의 수와 원인을 출력합니다. 결과의 **Code.gs:2**에서 2가 오류를 발생시키는 줄의 수입니다. 즉 Logger.

log(testing)이 오류라는 것을 알려주는 것입니다. 오류를 보면 ReferenceError: testing is not defined라고 써 있는데, 메시지를 읽어보면 testing이라는 변수가 선언되지 않았으나 testing을 사용해 오류가 일어난 것입니다.

앱스 스크립트 오류 화면

이와 같이 기본적인 작성(문법) 오류는 로그 영역에서 확인해 바로 디버깅할 수 있습니다. 선언되지 않았던 변수 testing을 선언하고 값을 할당해 오류를 바로잡겠습니다.

```
function myFunction() {
  let testing = "Success";
  Logger.log(testing);
}
```

문법 오류가 아닌 논리적인 오류를 디버깅하는 간단한 방법을 알아보겠습니다. 논리적인 오류란 문법은 제대로 작성됐지만 잘못된 결과가 나오는 경우입니다. 2 + 3 = 5를 계산하고자 다음과 같이 프로그램을 작성했다고 합시다.

```
function myFunction() {
  let first = 2;
  let second = "3";
  Logger.log(first + second);
}
```

실행하면 결괏값이 23으로 나옵니다. 프로그램이 몇 줄 되지 않아 어디가 잘못됐는지 금방 알 수 있지만 디버깅해보겠습니다. Logger.log를 사용해 줄마다 출력값을 확인하는 방식으로 디버깅을 진행합니다. Logger.log처럼 출력을 통해서 값을 확인하는 것은 가장 간단하게 사용할 수 있는 방법입니다. 규모가 크지 않을 때 효과적입니다.

우선 첫 번째 줄의 first 값이 2인지 검사합니다.

```
function myFunction() {
  let first = 2;
  Logger.log(first);
  let second = "3";
  Logger.log(first + second);
}
```

실행해보면 결과로 2가 제대로 나옵니다. 다음 줄인 second에 3이 제대로 들어갔는지 출력해봅시다.

```
function myFunction() {
  let first = 2;
  Logger.log(first);
  let second = "3";
  Logger.log(second);
  Logger.log(first + second);
}
```

3이 잘 나오지만 2는 2.0 실숫값으로 출력되는 반면 3은 3.0이 아닌 3으로 나옵니다. 현재 숫자끼리 더해지고 있는지 확인해보겠습니다.

```
function myFunction() {
  let first = 2;
  Logger.log(first);
  let second = "3";
  Logger.log(second);
  Logger.log(typeof second);
  Logger.log(first + second);
}
```

출력된 결과를 보면 number가 아닌 string으로 나옵니다. second의 3이 숫자가 아닌 문자열이어서 잘못된 값이 나오는 오류를 발견했습니다. 이제 second의 데이터 유형을 변경해 디버깅합니다. second의 3을 string이 아닌 숫자 3으로 변경하겠습니다.

```
function myFunction() {
  let first = 2;
  Logger.log(first);
```

```
    let second = 3;
    Logger.log(second);
    Logger.log(typeof second);
    Logger.log(first + second);
}
```

정상적인 결괏값이 나옵니다. 실제로 디버깅할 때는 디버깅 도구를 사용해 작업하지만 간단히 Logger.log를 이용해 출력값을 확인하면서 오류를 잡아낼 수 있습니다. 문법에 오류가 나거나 논리적인 오류가 발생하면 당황하지 말고 디버깅해보기를 바랍니다.

이번에는 여러 명의 회원에게 메일을 전송하는 프로그램을 만들어보겠습니다. 총 3단계 과정을 거쳐 만들고 전송 결과를 구글 스프레드시트에 작성하는 단계로 마무리됩니다.

8.2 여러 명의 회원에게 이메일 발송하기

이번에는 여러 명의 회원 정보를 가져와 메일을 전송하는 프로그램을 만들어보겠습니다. 여러 명에게 메일을 전송하는 프로그램도 총 3단계 과정을 거쳐 만들고 전송 결과를 구글 스프레드시트에 작성하는 단계로 마무리됩니다.

회원 정보를 읽어오고 관리하기

이메일 전송 프로그램의 첫 단계인 데이터를 읽어오는 단계를 시작해보겠습니다. 한 명의 회원 정보를 가져오는 것보다 다수의 회원 정보를 가져오는 것은 복잡합니다. 다수의 회원 정보를 읽어오고자 반복문을, 다수의 데이터를 관리하고자 배열과 객체를 사용하겠습니다.

회원 정보 읽어오기: 반복문
회원 정보를 읽어오는 것부터 시작하겠습니다. 앞서 완성된 코드를 활용하겠습니다.

```
function myFunction() {
  let ss = SpreadsheetApp.getActiveSpreadsheet();
  let donationSheet = ss.getSheetByName("후원자정보");
  let emailSheet = ss.getSheetByName("이메일내용");

  let mailAddress =donationSheet.getRange(4, 2).getValue();
  let name =donationSheet.getRange(4, 3).getValue();
  let role =donationSheet.getRange(4, 4).getValue();
```

```
//   let mailTitle = name + " " + role +"님,반갑습니다.";
//   mailTitle +=emailSheet.getRange(3,3).getValue();
//   let mailBody =emailSheet.getRange(3,4).getValue();
//   Logger.log(mailAddress + " " + mailTitle + " " + mailBody);
//   MailApp.sendEmail(mailAddress, mailTitle, mailBody);
}
```

앞서 완성된 코드 중 이번에는 회원 정보를 읽어올 것이므로 나머지 부분은 //로 주석 처리를 했습니다. //로 주석 처리된 부분은 컴퓨터가 실행하지 않습니다. 주석은 구현한 코드를 설명할 때 사용합니다.

두 번째, 세 번째 회원 정보를 읽어오려고 한다면 다음과 같이 작성합니다. 한 명의 정보를 읽어와 출력하면서 제대로 읽어온 것인지 확인할 수 있도록 Logger도 추가합니다.

```
function myFunction() {
  let ss = SpreadsheetApp.getActiveSpreadsheet();
  let donationSheet = ss.getSheetByName("후원자정보");
  let emailSheet = ss.getSheetByName("이메일내용");

  let mailAddress = donationSheet.getRange(4, 2).getValue();
  let name =donationSheet.getRange(4, 3).getValue();
  let role =donationSheet.getRange(4, 4).getValue();
  Logger.log(mailAddress + " " +  name + " " + role);

  let secondmailAddress = donationSheet.getRange(5, 2).getValue();
  let secondname = donationSheet.getRange(5, 3).getValue();
  let secondrole = donationSheet.getRange(5, 4).getValue();
  Logger.log(secondmailAddress + " " +  secondname + " " + secondrole);

  let thirdmailAddress = donationSheet.getRange(6, 2).getValue();
  let thirdname = donationSheet.getRange(6, 3).getValue();
  let thirdrole =donationSheet.getRange(6, 4).getValue();
  Logger.log(thirdmailAddress + " " +  thirdname + " " + thirdrole);
}
```

여러 명의 정보를 스프레드시트에서 읽어와 변수에 저장할 수 있습니다.

다수의 회원 정보를 읽어온 실행 결과

스프레드시트에 작성된 회원 수가 일곱 명이므로 총 일곱 번 반복해 작성하면 프로그램을 구현할 수 있습니다. 하지만 회원 수가 1천 명이라면 어떨까요? 1천 번을 작성해야 한다면 굉장히 번거로울 것입니다.

코드를 다시 보면 회원 정보를 읽어올 때 거의 동일한 코드를 작성하고 있다는 걸 알 수 있습니다. getRange()에서 행의 수만 4, 5, 6으로 변경했을 뿐입니다. 이렇게 반복된 코드가 있을 때는 반복문 for를 사용하면 코드 수를 줄일 수 있습니다. for를 사용해 다음과 같이 코드를 작성해봅시다.

```javascript
function myFunction() {
  let ss = SpreadsheetApp.getActiveSpreadsheet();
  let donationSheet = ss.getSheetByName("후원자정보");
  let emailSheet = ss.getSheetByName("이메일내용");

  for(let i = 4; i < 11; i++){
    let mailAddress = donationSheet.getRange(i, 2).getValue();
    let name =donationSheet.getRange(i, 3).getValue();
    let role =donationSheet.getRange(i, 4).getValue();
    Logger.log(mailAddress + " " +  name + " " + role);
  }
}
```

코드를 실행하면 회원 정보가 모두 출력됩니다. 앞서 반복해서 작성한 코드와 비교해보면 코드 수도 줄었고 읽기도 편리해졌습니다.

```
function myFunction() {
  let ss = SpreadsheetApp.getActiveSpreadsheet();
  let donationSheet = ss.getSheetByName("후원자정보");
  let emailSheet = ss.getSheetByName("이메일내용");

  for(let i = 4; i < 11; i++){
    let mailAddress = donationSheet.getRange(i, 2).getValue();
    let name =donationSheet.getRange(i, 3).getValue();
    let role =donationSheet.getRange(i, 4).getValue();
    Logger.log(mailAddress + " " + name + " " + role);
  }

}
```

다수의 회원 정보를 출력할 때 반복문 for 사용하기

코드를 보면서 for를 사용하는 방법에 대해 알아보겠습니다. for를 사용할 때는 예약어 for로 시작하고 ( )를 사용해 반복 조건을 설정해야 합니다.

첫 번째 설정해야 하는 것은 초깃값 설정입니다. 예시에는 let i = 4라고 설정해 변수 i에 4를 초깃 값으로 설정했습니다. ;을 작성하면서 초깃값 설정이 끝났다는 것을 알려줍니다.

두 번째로는 언제 반복문을 끝낼 것인지 조건을 설정해야 합니다. 예시에서는 i < 11로 작게 설정했습니다. 첫 번째에서 설정된 변수 i에 저장된 값이 11보다 작을 때까지 반복하라고 알려줍니다. ;으로 두 번째 설정이 끝났음을 알려줍니다.

세 번째는 for에서 { }에 있는 명령문의 실행이 다 끝나고 첫 번째 조건에서 설정한 변수를 얼마나 증가시킬지 작성합니다. i++은 변수에 저장된 데이터를 1만큼 증가시키는 연산자입니다.

for 문은 총 네 개의 구성 요소로 이루어집니다. 초깃값을 설정하는 부분, 반복문을 빠져나가는 조건, 반복문을 실행한 후 증가시키는 부분과 { } 안에 작성된 반복문(명령문)으로 구성됩니다.

이처럼 작성된 반복문의 실행 순서는 다음과 같습니다. 첫 번째는 let i = 4 부분으로 i에 4가 저장됩니다. 두 번째는 반복문을 빠져나가는 조건을 실행합니다. i < 11 부분으로 현재 i가 4이므로 조건에 부합해 반복문을 실행합니다. 세 번째는 { } 안의 반복문이 실행되면서 데이터를 가져오고 출력이 이루어집니다. 반복문의 실행이 끝나면 i++가 실행되면서 i 안의 값이 5로 증가합니다. 이후 다시 반복문을 빠져나갈 수 있는지 i < 11을 실행하고 5는 11보다 작으므로 { } 안의 반복문 실행, i++ 증가 순으로 i < 11 조건에 만족하지 않을 때까지 반복문이 실행됩니다. i 안의 저장된 값이 11이 되면

더 이상 반복문이 실행되지 않고 밖으로 빠져나오게 됩니다. for 문은 매우 자주 사용하니 구성 요소와 실행 순서를 꼭 기억해두기를 바랍니다.

다수의 회원 정보 관리하기: 배열

반복문으로 다수의 회원 정보를 읽어오는 방법을 알아봤습니다. 이제 읽어온 다수의 데이터를 편리하게 저장할 수 있는 방법을 알아보겠습니다. 먼저 앞서 다룬 코드를 보면서 해당 코드에서 회원의 정보를 저장하려면 어떤 방법이 있을지 알아봅시다.

```
function myFunction() {
  let ss = SpreadsheetApp.getActiveSpreadsheet();
  let donationSheet = ss.getSheetByName("후원자정보");
  let emailSheet = ss.getSheetByName("이메일내용");

  for(let i = 4; i < 11; i++){
    let mailAddress = donationSheet.getRange(i, 2).getValue();
    let name =donationSheet.getRange(i, 3).getValue();
    let role =donationSheet.getRange(i, 4).getValue();
    Logger.log(mailAddress + " " +  name + " " + role);
  }
}
```

해당 코드는 반복문을 돌면서 읽어온 정보를 출력합니다. 해당 코드에서 읽어온 메일 주소, 이름, 역할을 저장하고 싶다면 어떻게 하는 것이 좋을까요? 반복문을 실행하면 매번 변수 mailAddress, name, role을 초기화하고 스프레드시트의 데이터를 저장하는 것이 반복됩니다. 결국 세 변수의 값은 가장 마지막에 불러온 값이 저장됩니다. 다수의 데이터는 해당 문제를 해결하는 데 배열로 저장하고 관리할 수 있습니다. 위 코드를 배열을 활용해 변경해보겠습니다.

```
function myFunction() {
  let ss = SpreadsheetApp.getActiveSpreadsheet();
  let donationSheet = ss.getSheetByName("후원자정보");
  let emailSheet = ss.getSheetByName("이메일내용");

  let addresses = [];

  for(let i = 4; i < 11; i++){
    let mailAddress =donationSheet.getRange(i, 2).getValue();
    let name = donationSheet.getRange(i, 3).getValue();
    let role = donationSheet.getRange(i, 4).getValue();
    // Logger.log(mailAddress + " " +  name + " " + role);
    addresses.push(mailAddress);
```

```
    }
    Logger.log(addresses);
}
```

코드를 실행하면 이메일 주소가 [ ] 안에 모두 출력됩니다.

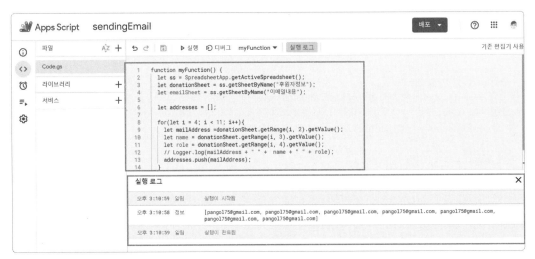

배열 사용하기

addresses라는 변수를 선언하면서 저장되는 데이터 유형을 [ ]로 작성해 배열로 선언했습니다. 문자열을 저장할 때 " "를 사용하듯이 배열을 처음 선언할 때는 [ ]를 사용합니다. [ ]로 컴퓨터에 변수 addresses에는 배열이라는 데이터 유형을 저장할 것이라고 알려주는 것입니다. 배열도 역시 다른 데이터 유형처럼 처음 값을 저장할 수 있습니다.

for 문에는 addresses.push(mailAddress) 명령문이 있습니다. 배열은 push를 사용해 데이터를 넣을 수 있습니다. 배열은 다수의 데이터를 다룰 때 사용하는 데이터 유형이라는 걸 잊지 마세요. 그리고 Logger를 사용해 addresses에 저장된 데이터를 출력합니다. 회원의 이메일 주소가 전부 저장된 것을 확인할 수 있습니다. 다시 한번 배열은 [ ]로 선언하고 배열에 데이터를 집어넣을 때는 **변수명.push(데이터)**를 사용합니다.

배열에 저장된 데이터에 접근하고 싶을 때는 **변수명[0]**처럼 [ ]와 그 안에 숫자를 작성합니다. 숫자를 '인덱스'라고 말합니다. 예를 들어 addresses에 저장된 첫 번째 데이터를 출력하고 싶을 때는 addresses[0]을 작성합니다. 이때 첫 번째 데이터이지만 1이 아니라 0부터 사용한다는 점 주의하세요.

코드를 변경해서 addresses에 저장된 데이터를 모두 출력해보겠습니다.

```
function myFunction() {
  let ss = SpreadsheetApp.getActiveSpreadsheet();
  let donationSheet = ss.getSheetByName("후원자정보");
  let emailSheet = ss.getSheetByName("이메일내용");

  let addresses = [];

  for(let i = 4; i < 11; i++){
    let mailAddress =donationSheet.getRange(i, 2).getValue();
    let name = donationSheet.getRange(i, 3).getValue();
    let role = donationSheet.getRange(i, 4).getValue();
    // Logger.log(mailAddress + " " +  name + " " + role);
    addresses.push(mailAddress);
  }
  Logger.log(addresses);

  for(let i = 0; i < 7; i++){
    Logger.log(addresses[i]);
  }
}
```

코드를 실행하면 이메일 주소가 모두 나열됩니다.

배열 요소 접근하기

for 문 안에 Logger를 사용했고 반복문이 실행될 때마다 addresses[i]를 실행합니다. i가 0부터 시작해 6에서 끝나므로 해당 반복문은 Logger.log(addresses[0])~Logger.log(addresses[6])을 실행하게 됩니다. 이 경우에는 회원이 일곱 명인지 알고 있으니 끝나는 지점을 직접 작성할 수 있었습니다. 그러나 회원 정보가 굉장히 많다면 배열에 몇 명의 회원 정보가 있는지 어떻게 알 수 있을까요? 바로 addresses.length입니다. 해당 배열 addresses 길이를 가져올 수 있습니다. 다음 코드처럼 변경해보겠습니다.

```
function myFunction() {
  let ss = SpreadsheetApp.getActiveSpreadsheet();
  let donationSheet = ss.getSheetByName("후원자정보");
  let emailSheet = ss.getSheetByName("이메일내용");

  let addresses = [];

  for(let i = 4; i < 11; i++){
    let mailAddress =donationSheet.getRange(i, 2).getValue();
    let name = donationSheet.getRange(i, 3).getValue();
    let role = donationSheet.getRange(i, 4).getValue();
    // Logger.log(mailAddress + " " +  name + " " + role);
    addresses.push(mailAddress);
  }
  Logger.log(addresses.length);

  for(let i = 0; i < addresses.length; i++){
    Logger.log(addresses[i]);
  }
}
```

이제 메일 주소뿐만 아니라 이름과 역할도 배열로 저장하고 출력하는 코드를 작성해보겠습니다.

```
function myFunction() {
  let ss = SpreadsheetApp.getActiveSpreadsheet();
  let donationSheet = ss.getSheetByName("후원자정보");
  let emailSheet = ss.getSheetByName("이메일내용");

  let addresses = [];
  let names = [];
  let roles = [];

  for(let i = 4; i < 11; i++){
    let mailAddress =donationSheet.getRange(i, 2).getValue();
    let name =donationSheet.getRange(i, 3).getValue();
```

```
      let role =donationSheet.getRange(i, 4).getValue();

      addresses.push(mailAddress);
      names.push(name);
      roles.push(role);
   }

   for(let i = 0; i < addresses.length; i++){
      Logger.log(addresses[i] + " " + names[i] + " " + roles[i]);
   }
}
```

지금까지 다수의 회원을 저장할 때 사용하는 데이터 유형인 배열을 선언하고 데이터를 저장하고 가져오는 방법과 반복문을 함께 활용해 편리하게 다수의 데이터에 접근하는 방법을 알아봤습니다.

회원의 여러 정보 관리하기: 객체

다수의 회원 정보를 저장하는 데 배열이라는 데이터 유형을 사용했습니다. 회원 주소, 이름, 역할을 저장하려고 배열 addresses, names, roles 변수를 사용해 각각 저장했습니다. 회원 주소, 이름, 역할 간 관계를 생각해봅시다. 회원 주소, 이름, 역할은 회원 한 명의 정보입니다. 한 회원의 속성이라고 이야기할 수 있습니다. 즉 세 정보는 따로 존재하기보다는 회원과 관계된 정보입니다. 데이터들이 하나의 속성과 같은 관계일 때 사용하면 좋은 데이터 유형이 있습니다. 바로 '객체'입니다.

예제를 보면서 객체를 어떻게 사용하는지 살펴보겠습니다.

```
function myFunction() {
   let ss = SpreadsheetApp.getActiveSpreadsheet();
   let donationSheet = ss.getSheetByName("후원자정보");
   let emailSheet = ss.getSheetByName("이메일내용");

   let member = {};
   member['address'] = donationSheet.getRange(4, 2).getValue();
   member['name'] = donationSheet.getRange(4, 3).getValue();
   member['role'] = donationSheet.getRange(4, 4).getValue();

   Logger.log(member['address'] + " " + member['name'] + " " + member['role']);
}
```

한 명의 회원을 객체로 선언하고 주소, 이름, 역할을 저장하고 출력하는 코드입니다.

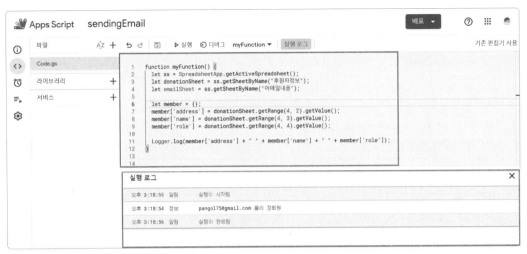

객체를 실행한 결과

변수 member를 선언하고 { }를 사용해 데이터 유형을 객체라고 명시합니다. member['address']는 배열의 요소를 접근할 때처럼 [ ]를 사용하는 것은 같지만 안에 숫자가 아닌 문자열을 명시합니다. 명시된 문자열은 이후 객체에 저장된 데이터를 불러올 때 변수명처럼 사용합니다. 명령문이 실행되면 객체 member의 address, name, role에 각 데이터가 저장되고 Logger로 **변수명['문자열']**을 사용해 저장된 데이터를 출력합니다. 객체 [ ] 안에 작성된 문자열을 '키'라고 합니다.

이처럼 하나의 대상과 관계성이 있는 데이터들을 객체에 저장하면 member[0], member[1]처럼 배열로 관리할 때보다 코드에서 관계성이 드러나게 되고 해당 코드를 보면 더 쉽게 코드를 파악할 수 있습니다. 객체는 데이터를 관리하는 것보다 더 많은 기능을 하는 데이터 유형입니다. 더 학습할 수 있는 것이 많지만 이번에는 여기까지만 다루겠습니다.

이제 다수 회원의 정보를 객체와 배열을 사용해 저장하는 프로그램을 작성해보겠습니다. 세 개의 배열을 사용하지 않고 members라는 배열만 사용합니다.

```
function myFunction() {
  let ss = SpreadsheetApp.getActiveSpreadsheet();
  let donationSheet = ss.getSheetByName("후원자정보");
  let emailSheet = ss.getSheetByName("이메일내용");

  let members = [];

  for(let i = 4; i < 11; i++){
    let member = {};
    member['address'] = donationSheet.getRange(i, 2).getValue();
```

```
    member['name'] = donationSheet.getRange(i, 3).getValue();
    member['role'] = donationSheet.getRange(i, 4).getValue();
    members.push(member);
  }


  for(let i = 0; i < members.length; i++){
    Logger.log(members[i]['address'] + " " + members[i]['name'] + " " + members[i]['role']);
  }
}
```

다수 회원의 정보를 출력했습니다.

객체 배열을 실행한 결과

회원 정보를 저장할 배열 members를 선언합니다. 해당 배열에는 반복문을 실행하면서 객체 member가
생성되고 추가됩니다. 이후 다시 반복문을 실행하면서 배열을 출력합니다.

출력 부분을 보면 members[i]['address']처럼 배열과 객체에서 데이터를 가져올 때 방법을 사용합
니다. addresss 또는 name에 저장된 데이터를 가져오려면 먼저 배열에 저장된 객체에 접근해야 합
니다. members[i]를 사용하고 members[i]를 통해 가져온 객체에서 address 값을 가져오고자 뒤에
['addresss']를 붙여줍니다. 해당 객체의 address 데이터를 가져올 수 있게 됩니다. 이처럼 데이터를
관리할 때 배열 안에 여러 개의 객체를 저장하는 방법을 많이 사용하니 익숙해지는 것이 좋습니다.

이메일 내용 작성하기: 조건문

발송할 이메일 내용을 읽어와 회원 역할에 따른 이메일 내용을 처리하는 기능을 구현하겠습니다.

이전 코드에 이메일내용 시트에 있는 데이터를 불러와 저장하는 코드를 추가하겠습니다. email Contents 배열을 생성하고 요소로 객체 content를 저장합니다. 또한, 객체 content에 속성으로 title, body, foot을 만들어 각 내용을 저장합니다.

```
function myFunction() {
  …생략…
  for(let i = 4; i < 11; i++){
    let member = {};
    member['address'] = donationSheet.getRange(i, 2).getValue();
    member['name'] = donationSheet.getRange(i, 3).getValue();
    member['role'] = donationSheet.getRange(i, 4).getValue();
    members.push(member);
  }

  let emailContents = [];
  for(let i = 3; i < 6; i++){
    let content = {};
    content['title'] = emailSheet.getRange(i, 3).getValue();
    content['body'] = emailSheet.getRange(i, 4).getValue();
    content['foot'] = emailSheet.getRange(i, 5).getValue();
    emailContents.push(content);
  }

  for(let i = 0; i < emailContents.length; i++){
    Logger.log(emailContents[i]['title'] + " " + emailContents[i]['body'] + " " +
    emailContents[i]['foot']);
  }
}
```

회원 정보를 저장할 때와 같은 방식으로 이메일 내용을 변수와 객체를 이용해 저장했습니다.

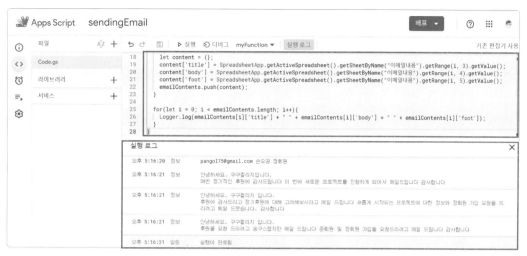

이메일 내용의 반복문을 실행한 결과

다음으로 해야 할 것은 회원 정보에 각 역할에 맞는 이메일 내용을 저장하는 것입니다. 객체 member에 content 속성을 새로 만들어 이메일 내용을 저장합니다. 다음과 같이 코드를 작성합니다.

```
function myFunction() {
  …생략…

  for(let i = 0; i < members.length; i++){
    members[i]['content'] = emailContents[0];
  }

  for(let i = 0; i < members.length; i++){
    Logger.log(members[i]['content']);
  }
}
```

이제 회원의 역할에 맞게 이메일 내용을 저장하기 위해 위의 반복문에 조건문을 사용하겠습니다. 다음과 같이 작성합니다.

```
function myFunction() {
  …생략…

  for(let i = 0; i < members.length; i++){
    if(members[i]['role'] == '정회원'){
      members[i]['content'] = emailContents[0];
    }else if(members[i]['role'] == '준회원'){
      members[i]['content'] = emailContents[1];
```

```
    }else{
      members[i]['content'] = emailContents[2];
    }
  }

  for(let i = 0; i < members.length; i++){
    Logger.log(members[i]['content']);
  }
}
```

각 회원의 역할에 맞는 이메일 내용이 출력됩니다.

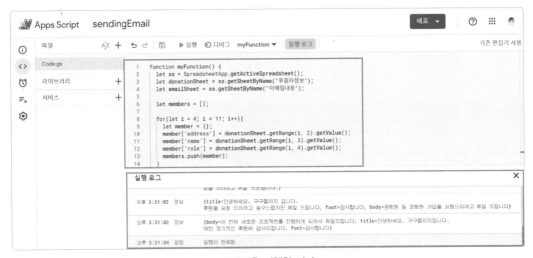

조건문을 실행한 결과

조건문을 사용할 때는 예약어 if를 사용합니다. if 다음 ( ) 안에 { } 안의 명령문을 실행시킬 조건을 명시합니다. members[i]['role'] == '정회원'은 members[i]['role'] 값이 '정회원'이라는 문자열과 같은지 검사합니다. 수학에서 =은 같은 값인지 검사하는 부등식이었으나 프로그래밍에서는 ==를 사용합니다.

else if는 if에서 사용한 조건에 해당되지 않으면 다음으로 검사하는 조건문입니다. else if( )의 조건문을 검사하고 만약 그 값이 맞다면 { }의 명령문을 실행하고 아니면 else의 { } 명령문을 실행합니다. 조건문은 조건이 일치한다면 해당 조건의 { } 명령문만 실행합니다. 즉 회원의 역할에 따라 정회원, 준회원, 비회원 중 하나만 실행해 알맞은 이메일 내용을 content에 저장합니다.

if를 좀 더 알아봅시다. 변수에 저장된 수가 4보다 큰지 검사해 해당 변수를 출력하고 싶다면 다음과 같이 작성합니다.

```
function myFunction(){
  let data = 5;
  if(data > 4){
    Logger.log(data);
  }
}
```

두 가지 조건만 검사한다면 if와 else만 사용합니다. 예를 들어 변수의 값이 10보다 작은지 출력한다면 다음과 같이 if와 else를 작성합니다.

```
function myFunctio(){
  let data = 20;
  if(data > 10){
    Logger.log("10보다 큽니다.");
  }else{
    Logger.log("10이거나 작습니다.");
  }
}
```

여러 개의 조건을 사용한다면 if, else if, else를 사용합니다. 또한, 중간에 else if를 계속 추가하면서 검사할 수 있습니다. 예를 들어 3보다 작은지, 6보다 작은지, 10보다 작은지, 10보다 큰지 검사한다면 다음과 같이 작성합니다.

```
function myFunctio(){
  let data = 9;
  if(data < 3){
    Logger.log("3보다 작습니다.");
  }else if(data < 6){
    Logger.log("6보다 작습니다.");
  }else if(data < 10){
    Logger.log("10보다 작습니다.");
  }else{
    Logger.log("10보다 같거나 큽니다.");
  }
}
```

프로그램을 구현하는 세 단계 중 두 번째 단계인 데이터를 읽고 처리하는 단계가 마무리되었습니다.

이제 다수 회원에게 이메일을 발송하는 프로그램을 작성해보겠습니다. 회원 한 명에게 발송할 때 사용했던 이메일 발송 라이브러리를 사용하고 앞서 작성한 프로그램에 추가해 완성해보겠습니다. 다음 코드는 앞서 작성했던 코드의 마지막 부분입니다.

```
for(let i = 0; i < members.length; i++){
  Logger.log(members[i]['content']);
}
```

로그를 출력하는 반복문 안에 로그를 없애고 해당 위치에 메일을 발송하는 기능을 작성하겠습니다. 이메일을 발송하는 라이브러리의 사용법은 MailApp.sendEmail(이메일주소, 이메일제목, 이메일내용)입니다. members 배열 안 원소로 객체 member가 저장되어 있으며 객체 member에는 address 속성에 이메일 주소가, content 속성에 이메일 내용이 저장되어 있습니다. content에는 title, body, foot 속성에 이메일 제목, 본문, 맺음말이 저장되어 있습니다. 이제 나머지 부분을 구현해봅시다.

```
for(let i = 0; i < members.length; i++){
  let address = members[i]['address'];
  let title = members[i]['content']['title'];
  let body = members[i]['content']['body'];
  MailApp.sendEmail(address, title, body);
}
```

객체 member에 저장된 속성과 값을 이용해 sendEmail을 작성했고 이메일 발송 프로그램을 완성했습니다. 원하는 기능을 수행하는 프로그램을 완성했지만 코드를 구조적으로 조금 더 다듬어야 합니다. 이제 작성한 코드를 재사용성이 높고 유지 및 보수하기 쉬운 코드로 변경하는 데 필요한 개념을 알아보겠습니다.

프로그램 구조화하기: 함수

이메일 발송 프로그램이 완성됐습니다. 프로그램을 실행해도 동작에는 전혀 문제가 없지만 좀 더 프로그램을 다듬어 구조화해봅시다. 하나의 큰 프로그램을 기능별로 분류하고 중복된 코드를 줄이겠습니다. 구조화하기 전 앞서 완성한 프로그램을 다시 한번 살펴봅시다.

```
function myFunction() {
  let ss = SpreadsheetApp.getActiveSpreadsheet();
  let donationSheet = ss.getSheetByName("후원자정보");
  let emailSheet = ss.getSheetByName("이메일내용");
```

```
let members = [];

for(let i = 4; i < 11; i++){
  let member = {};
  member['address'] = donationSheet.getRange(i, 2).getValue();
  member['name'] = donationSheet.getRange(i, 3).getValue();
  member['role'] = donationSheet.getRange(i, 4).getValue();
  members.push(member);
}

let emailContents = [];
for(let i = 3; i < 6; i++){
  let content = {};
  content['title'] = emailSheet.getRange(i, 3).getValue();
  content['body'] = emailSheet.getRange(i, 4).getValue();
  content['foot'] =emailSheet.getRange(i, 5).getValue();
  emailContents.push(content);
}

for(let i = 0; i < members.length; i++){
  if(members[i]['role'] == '정회원'){
    members[i]['content'] = emailContents[0];
  }else if(members[i]['role'] == '준회원'){
    members[i]['content'] = emailContents[1];
  }else{
    members[i]['content'] = emailContents[2];
  }
}

for(let i = 0; i < members.length; i++){
  let address = members[i]['address'];
  let title = members[i]['content']['title'];
  let body = members[i]['content']['body'];
  MailApp.sendEmail(address, title, body);
}
}
```

먼저 중복해서 사용하는 기능을 줄이겠습니다. 변경할 코드는 SpreadsheetApp.getActiveSpread
sheet()와 emailSheet.getRange(i, 3).getValue();입니다. 스프레드시트에서 값을 가져오는 기능입
니다. 너무 길어 짧게 줄이겠습니다. 이때 사용하는 개념이 '함수'입니다. 다음과 같이 수정합니다.

```
function myFunction() {
  let members = [];

  …생략…
```

```
    let emailContents = [];
    for(let i = 3; i < 6; i++){
      let content = {};
      content['title'] = getValueFromSheet("이메일내용", i, 3);
      content['body'] = getValueFromSheet("이메일내용", i, 4);
      content['foot'] = getValueFromSheet("이메일내용", i, 5);
      emailContents.push(content);
    }

    for(let i = 0; i < members.length; i++){
      if(members[i]['role'] == '정회원'){
        members[i]['content'] = emailContents[0];
      }else if(members[i]['role'] == '준회원'){
        members[i]['content'] = emailContents[1];
      }else{
        members[i]['content'] = emailContents[2];
      }
    }

    for(let i = 0; i < members.length; i++){
      let address = members[i]['address'];
      let title = members[i]['content']['title'];
      let body = members[i]['content']['body'];
      MailApp.sendEmail(address, title, body);
    }
}

function getValueFromSheet(sheet, row, column){
  let ss = SpreadsheetApp.getActiveSpreadsheet();
  let result =ss.getSheetByName(sheet).getRange(row, column).getValue();
  return result;
}
```

프로그램의 마지막에 function이라는 키워드를 사용한 구문이 함수입니다. 이전까지는 매번 myFunction 안에 프로그램을 작성했지만 이제 getValueFromSheet를 만들어 사용합니다. 프로그램 안에 두 개의 함수, 즉 myFunction과 getValueFromSheet가 존재하게 됩니다.

함수를 만들 때는 예약어 function을 사용하고 다음으로 함수 이름을 작성합니다. ( )에 함수에서 사용할 변수를 나열합니다. ( )에 작성하는 변수를 **파라미터**parameter(매개변수)라고 합니다. { }에는 myFunction에서 작성했던 것처럼 명령문을 작성합니다. 반환할 데이터가 있다면 예약어 return을 사용하고 반환할 데이터나 변수를 적습니다. 이전 프로그램 및 함수로 변경한 프로그램과 비교해보면 매번 길게 작성해야 했던 부분을 함수로 짧게 작성하는 것이 가능하다는 것을 확인할 수 있습니다.

function과 함수 이름을 사용해 함수를 만든다면 myFunction의 getValueFromSheet("후원자정보", i, 2)처럼 함수 이름과 ( )를 붙여 함수를 사용할 수 있습니다. 함수가 호출되면 함수 선언문의 ( ) 매개변수에 데이터가 전달됩니다. 매개변수는 함수에서 변수로 사용할 수 있습니다. sheet에는 "후원자정보", row에는 i의 값, column에는 2가 전달되고 { }의 명령문이 실행됩니다. 스프레드시트에서 값을 가져오면 result에 해당 데이터 값이 저장되고 return을 만나서 result 값이 처음에 함수를 호출했던 곳으로 전달됩니다.

두 번째로 변경할 곳은 if 문이 사용된 이메일 내용을 저장하는 부분입니다. 함수 setEmailContents 를 만들고 사용합니다.

```
function myFunction() {
  let members = [];

   …생략…

  let emailContents = [];
  for(let i = 3; i < 6; i++){
    let content = {};
    content['title'] = getValueFromSheet("이메일내용", i, 3);
    content['body'] = getValueFromSheet("이메일내용", i, 4);
    content['foot'] = getValueFromSheet("이메일내용", i, 5);
    emailContents.push(content);
  }

  for(let i = 0; i < members.length; i++){
    setEmailContents(members[i], emailContents);
  }

  for(let i = 0; i < members.length; i++){
    let address = members[i]['address'];
    let title = members[i]['content']['title'];
    let body = members[i]['content']['body'];
    MailApp.sendEmail(address, title, body);
  }
}

function getValueFromSheet(sheet, row, column){
  let ss = SpreadsheetApp.getActiveSpreadsheet();
  let result =ss.getSheetByName(sheet).getRange(row, column).getValue();
  return result;
}

function setEmailContents(member, emailContents){
```

```
  if(member['role'] == '정회원'){
      member['content'] = emailContents[0];
  }else if(member['role'] == '준회원'){
      member['content'] = emailContents[1];
  }else{
      member['content'] = emailContents[2];
  }
}
```

함수 setEmailContents에는 반환값이 없어 return을 사용하지 않았습니다. 해당 함수는 기능을 분리합니다. 함수 myFunction에 많은 기능이 구현되어 있으면 디버깅은 물론 수정하기도 어렵습니다. 기능별로 함수를 새로 만들어주면 프로그램이 점점 커지고 복잡해질 때도 수정과 디버깅이 쉬워집니다.

함수를 사용하면 기능을 분리할 수 있고(**모듈화**라고 합니다) 기능을 분리하면 수정과 디버깅이 쉬워져 현업 개발자는 프로그램을 만들 때 기능별로 함수를 작성합니다. 함수는 재사용할 수 있어(스프레드시트에서 값을 가져오는 함수를 만든 것처럼) 프로그램 개발 속도가 빨라진다는 장점이 있습니다.

이메일 전송 결과를 시트에 저장하기: 라이브러리

이메일 전송을 몇 명의 회원에게 했으며 언제 이메일을 발송했는지 구글 스프레드시트에 저장하는 기능을 구현하겠습니다. 동작 방법은 다음과 같습니다. 한 명의 회원에게 이메일을 발송할 때마다 숫자를 셉니다. 모든 회원에게 이메일 전송이 완료되면 현재 시각과 발송한 숫자를 전송결과 시트에 저장합니다.

먼저 숫자를 세는 부분을 구현해보겠습니다. 앞서 완성한 코드에 다음과 같이 추가합니다.

```
function myFunction() {
  let members = [];
  let mailCount = 0;

…생략…

  for(let i = 0; i < members.length; i++){
    let address = members[i]['address'];
    let title = members[i]['content']['title'];
    let body = members[i]['content']['body'];
    MailApp.sendEmail(address, title, body);
    mailCount++;
  }
```

```
    Logger.log(mailCount);
  }

  …생략…
```

myFunction에 변수 mailCount를 0으로 초기화했습니다. 변수 mailCount는 mailCount++를 사용해 이메일을 전송하는 for 문에 발송할 때마다 1을 더해줌으로써 마지막에는 몇 개의 메일을 전송했는지 저장할 수 있습니다. 로그를 확인해서 제대로 동작하는지 확인해봅시다. 로그에 현재 회원 수만큼 결과가 찍히면 정상적으로 동작하는 것입니다.

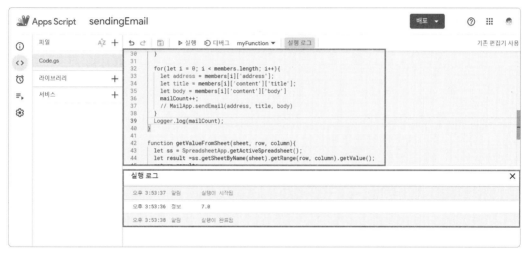

발송한 회원 수 세기

전송 횟수를 저장하는 기능을 완료했습니다. 이제 전송결과 시트에 전송 횟수와 시간을 저장하는 기능을 구현해보겠습니다. 먼저 전송 시간을 처리합니다. 전송 시간은 다수의 회원에게 메일을 전송한 것이 끝난 시간을 가져오면 됩니다. 컴퓨터에서 현재 시간을 가져오는 방법은 new Date()를 사용하는 것입니다. 다음과 같이 코드를 추가합니다.

```
function myFunction() {
  let members = [];
  let mailCount = 0;

  …생략…

  for(let i = 0; i < members.length; i++){
    let address = members[i]['address'];
    let title = members[i]['content']['title'];
```

```
      let body = members[i]['content']['body'];
      MailApp.sendEmail(address, title, body);
      mailCount++;
    }
    Logger.log(mailCount);
    Logger.log(new Date());
}

…생략…
```

실행하면 로그로 영어, 현재 시간이 나옵니다. Thu May 27 21:14:29 GMT-04:00 2021 형태입니다. 독자님과 시간이 다를 겁니다. 런던을 기점으로 측정된 시간입니다. 한국 시간대로 변경해봅시다.

한국 시간대로 변경하려면 구글에서 제공하는 라이브러리를 사용합니다. 라이브러리 문서를 보면서 작성해보겠습니다.

URL https://developers.google.com/apps-script/reference/utilities/utilities#formatDate(Date,String,String)
단축 https://bit.ly/3E57mwX

문서를 보면 시간대를 변경하는 함수 formatDate라는 게 있다는 것을 알 수 있습니다. 예제와 함수를 사용할 때 괄호 안에 입력해야 하는 데이터 수와 종류도 있습니다. 함수 사용 예제는 다음과 같습니다.

```
// This formats the date as Greenwich Mean Time in the format
// year-month-dateThour-minute-second.
var formattedDate = Utilities.formatDate(new Date(), "GMT", "yyyy-MM-dd'T'HH:mm:ss'Z'");
Logger.log(formattedDate);
```

Utilities.formatDate()를 사용합니다. 함수 안에 전달해야 하는 데이터는 세 개이며, 처음은 현재 시간, 두 번째는 시간대, 세 번째는 표시될 시간 형식입니다. 한국 시간대로 변경하려면 Asia/Seoul을 사용합니다. 라이브러리를 사용해 변경합니다.

```
function myFunction() {
  let members = [];
  let mailCount = 0;

  …생략…

  for(let i = 0; i < members.length; i++){
    let address = members[i]['address'];
```

```
    let title = members[i]['content']['title'];
    let body = members[i]['content']['body'];
    MailApp.sendEmail(address, title, body);
    mailCount++;
  }

  let formattedDate = Utilities.formatDate(new Date(), "Asia/Seoul", "yyyy년 MM월 dd일
HH:mm");
  Logger.log(formattedDate);
  Logger.log(mailCount);
}

…생략…
```

실행 로그를 확인하면 한국 시간대로 변경된 것을 확인할 수 있습니다.

전송 시간 출력하기

구글 라이브러리를 사용할 때는 해당 기능의 매뉴얼 문서를 보면서 어떻게 호출을 해야 하며 어떤 데이터를 전달해야 하는지, 어떤 결과를 주는지 확인해야 합니다.

시트에 저장할 두 개의 데이터를 다 획득했습니다. 마지막으로 시트에 해당 데이터를 저장하는 방법을 구현해보겠습니다. 시트에 있는 데이터를 저장하는 것도 구글에서 제공하는 라이브러리를 사용합니다. 해당 함수에 대한 문서를 읽어봅시다.

URL https://developers.google.com/apps-script/reference/spreadsheet/range#setvaluevalue

단축 https://bit.ly/3RwzJXQ

사용 방법을 보면 시트와 데이터를 저장할 셀을 가져와야 합니다. setValue()를 이용합니다. 데이터를 시트에 저장하는 코드를 구현해봅시다.

```
function myFunction() {
  let members = [];
  let mailCount = 0;
  let ss = SpreadsheetApp.getActiveSpreadsheet();
  let resultSheet =ss.getSheetByName("전송결과");

  …생략…

  let formattedDate = Utilities.formatDate(new Date(), "Asia/Seoul", "yyyy년 MM월 dd일
HH:mm");
  resultSheet.getRange("B2").setValue(formattedDate);
  resultSheet.getRange("B3").setValue(mailCount);
}

…생략…
```

변수 resultSheet를 선언하는 것과 동시에 전송결과 시트가 접근할 수 있도록 초기화했습니다. 또한, 함수 myFunction 마지막 부분에 getRange("B2")를 사용해 셀 B2에 시간을 저장하고 getRange("B3")를 사용해 셀 B3에는 전송 횟수를 저장하도록 했습니다.

앱스 스크립트는 구글에서 미리 만들어 제공하는 라이브러리를 사용하면 훨씬 쉽게 프로그램을 구현할 수 있으니 사용 방법을 익혀두세요.

이메일 발송 프로그램이 완성됐습니다. 해당 과정을 통해 기본적인 프로그래밍 개념을 학습하고 복잡한 기능을 구현하기 전 단순한 기능을 만들고 개선하면서 프로그래밍 방법을 맛보기로 알아봤습니다. 4부에서는 구글 라이브러리를 활용해 좀 더 복잡하고 실용적인 프로그램을 만들어보겠습니다.

4

앱스 스크립트를 활용한
실전 프로젝트 만들기

4부에서는 구글에서 제공하는 구글 워크스페이스 앱을 다루기 위해 반드시 알아야 하는 구글 라이브러리 사용 방법 및 제공 기능을 살펴봅니다. 앱스 스크립트는 구글 라이브러리를 사용하면 훨씬 쉽게 프로그램을 구현할 수 있습니다. 여기에 앞서 알아본 기본 프로그래밍 활용 방법을 더해 세 가지 프로그램을 만들어보겠습니다. 첫 번째는 캘린더 스케줄 등록 프로그램입니다. 스프레드시트에 저장된 스케줄 정보를 캘린더에 등록하는 프로그램입니다. 두 번째는 냉장고 속 식자재 프로그램입니다. 사용자에게 냉장고 속 정보를 입력받으면 스프레드시트에 저장하는 프로그램입니다. 세 번째는 후원 문서 발행 프로그램입니다. 사용자가 입력한 정보를 스프레드시트에 저장하고 해당 정보를 후원 문서로 발행하는 프로그램입니다. 프로그램을 직접 만들어보면서 구글 앱스를 연결하는 방법과 라이브러리 사용 방법, 구조적으로 프로그래밍을 작성하는 방법을 배울 수 있을 것입니다.

CHAPTER 9

구글 라이브러리 구조와 사용법

앱스 스크립트로 프로젝트를 만들 때 장점 중 하나는 구글 워크스페이스 앱(스프레드시트, 캘린더, 드라이브 등)의 데이터를 연동하고 기능을 사용할 수 있다는 점입니다. 구글에서 직접 앱스 스크립트에서 사용할 수 있도록 기능 모음을 제공하고 있습니다. 기능 모음을 '라이브러리'라고 하며 이번 장에서는 **구글 라이브러리**의 구조와 사용 방법에 대해서 알아보겠습니다. 라이브러리 기능을 이용해서 구현하는 것은 실습 프로젝트를 진행하면서 하겠습니다.

9.1 구글 라이브러리 매뉴얼

구글에서는 함수와 클래스를 이용해 기능을 구현한 후 인터넷에 공개했습니다. 누구나 구글 라이브러리를 쓸 수 있으며, 구글에서 제공하는 라이브러리 매뉴얼은 다음 URL에서 확인할 수 있습니다.

URL http://bit.ly/3Kjv0Ze

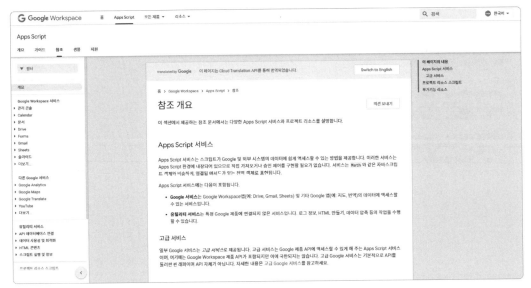

구글에서 제공하는 라이브러리 매뉴얼

구글 라이브러리를 보면 구글 워크스페이스 앱에 접근할 수 있는 서비스와 구글 제품과 관련은 없지만 많이 사용하는 기능을 구현한 유틸리티 서비스를 제공하고 있습니다. 구글 워크스페이스 앱에는 관리 콘솔, Calendar(캘린더), 문서, Drive(드라이브), Gmail(지메일), Sheets(스프레드시트) 등이 있으며 거의 모든 앱에 접근할 수 있는 것을 확인할 수 있습니다.

Document 클래스의 getName 메서드 설명

사용하고 싶은 구글 워크스페이스 앱을 클릭하면 사용 방법, 주요 클래스 설명 그리고 각 클래스에서 제공하는 속성과 메서드를 설명하고 있습니다. 또한, 사용하고자 하는 메서드를 클릭하면 사용 예제 코드를 확인할 수 있습니다.

9.2 구글 라이브러리 사용법

구글 라이브러리는 클래스로 구현되었습니다. 이는 특정 앱의 데이터나 기능을 사용하려면 앱의 클래스에서 시작해야 한다는 의미입니다. 구글 문서의 데이터 또는 기능을 사용하려면 DocumentApp 클래스를, 캘린더에 접근하고 싶다면 CalendarApp 클래스를, 스프레드시트의 데이터에 접근하려면 SpreadsheetApp 클래스를 사용해야 합니다. 8장에서 만든 이메일 발송 프로그램은 MailApp 클래스를 사용하며 메일을 전송할 때만 사용합니다.

클래스에는 속성과 메서드가 있다고 앞서 이야기했습니다. DocumentApp 클래스를 보면 속성과 메서드가 나열되어 있는데 여기에 사용하고자 하는 것이 속성인지 메서드인지 구분해 작성해주면 됩니다. 예를 들어 DocumentApp의 Attribute 속성을 사용한다면 DocumentApp.Attribute처럼 작성합니다.

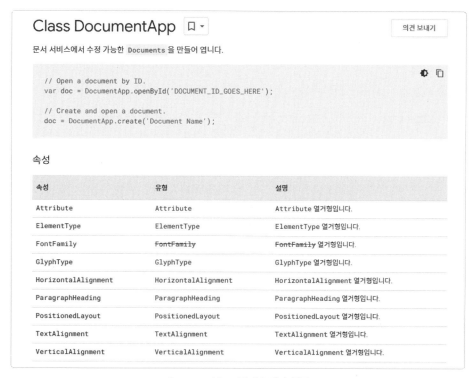

DocumentApp 클래스의 속성들

속성이 아니라 메서드를 사용할 때는, 예를 들어 문서를 만든다면 DocumentApp.create('문서이름')처럼 사용합니다.

메서드

메서드	반환 유형	간략한 설명
create(name)	Document	새 문서를 만들고 반환합니다.
getActiveDocument()	Document	스크립트가 container-bound인 문서를 반환합니다.
getUi()	Ui	스크립트가 메뉴, 대화상자, 사이드바 같은 기능을 추가할 수 있게 하는 문서의 사용자 인터페이스 환경 인스턴스를 반환합니다.
openById(id)	Document	지정된 ID가 있는 문서를 반환합니다.
openByUrl(url)	Document	지정된 URL의 문서를 열고 반환합니다.

자세한 문서

create(name)

새 문서를 만들고 반환합니다.

```
// Create and open a new document.
var doc = DocumentApp.create('Document Name');
```

DocumentApp 클래스의 메서드

라이브러리 기능 중 함수를 사용할 때는 주의 깊게 봐야 하는 점이 있습니다. 함수에서 이야기했듯이 함수를 호출하는 함수명과 함수를 호출할 때 같이 작성하는 입력 매개변수의 개수 및 데이터 유형에 주의해야 합니다. 입력 매개변수의 개수가 다르거나 데이터 유형이 다르다면 원하지 않는 값과 오류가 발생할 수 있습니다. 예를 들어 문서를 생성하려고 할 때 create 함수를 사용한 후 문서 제목을 전달하는 입력 매개변수 한 개를 데이터 유형 중 문자열(string)로 받습니다. 하지만 문서 제목을 두 개 이상 입력하거나 문자열이 아닌 숫자를 입력한다면 오류가 발생합니다.

또한, 함수를 사용했을 때 반환되는 형태도 반드시 확인해야 합니다. create 함수는 문서를 만들고 Document라는 새 문서 인스턴스(클래스에서 생성된 객체)를 반환합니다. 반환되는 데이터 형태를 확인해야 잘못된 데이터가 반환된 것은 아닌지 점검할 수 있으며, 해당 데이터 형태에서는 어떤 속성과 메서드를 활용할 수 있는지 알 수 있습니다. 예를 들어 Document 객체는 getName 메서드로 문서의 제목을 가져오거나 getLanguage 메서드로 문서의 언어 코드를 가져올 수도 있습니다.

getName 메서드

구글 라이브러리를 사용하다 보면 .(마침표)를 찍고 함수를 호출하는 방식을 많이 볼 수 있습니다. 지금까지는 함수를 호출할 때 단순히 함수명과 ( )로 호출했지만 구글 라이브러리는 다릅니다. 객체를 통해 함수를 호출할 때 사용하는 방식입니다. 객체에는 변수뿐만 아니라 함수도 설정할 수 있습니다.

간단한 예제를 보면서 객체와 객체를 통해 함수를 호출하는 방법을 알아보겠습니다. 다음과 같이 코드를 작성해봅시다.

```
function myFunction(){
  let person = {}
  person['printName'] = function() {
    Logger.log('My name is Yong');
  }
  person.printName();
}
```

person이라는 객체를 만들고 속성으로 printName을, My name is Yong이라는 로그를 출력하는 함수를 설정했습니다. 또한, person.printName()을 통해 해당 함수를 호출했습니다. 실행해보면 로그에 My name is Yong이 출력됩니다.

객체와 함수 호출하기

객체는 변수와 함수를 속성으로 설정할 수 있습니다. 구글 라이브러리에서 함수를 호출하기 전 점을 찍었던 이유가 바로 이렇게 객체를 통해 함수를 호출하기 때문입니다.

구글 라이브러리를 쓸 때는 클래스를 기반으로 구현되었다는 점, 함수를 사용할 때 입력해야 하는 데이터 개수와 형태, 반환되는 데이터 개수와 형태에 주의하면서 사용해야 한다는 점을 꼭 기억하세요. 이번 장을 읽을 때 구글 라이브러리 매뉴얼도 함께 볼 것을 권합니다. 함께 읽으면 구글 라이브러리에 대한 이해도가 더 높아질 것입니다.

9.3 스프레드시트 라이브러리 사용법

첫 번째로 알아볼 라이브러리는 **스프레드시트 라이브러리**입니다. 스프레드시트에서 데이터를 가져오고 싶을 때 클래스와 메서드를 어떻게 사용하는지 알아보겠습니다.

먼저 스프레드시트에서 데이터에 접근할 때 또는 숫자를 기입할 때 어떤 단계를 거치는지 생각해봅시다. 첫 번째로 스프레드시트 파일을 열고, 두 번째로 가져오고 싶은 데이터가 있는 시트로 이동합니다. 세 번째, 가져오고 싶은 데이터를 클릭하거나 데이터가 여러 개라면 마우스로 범위를 드래그합니다. 마지막으로 숫자를 작성합니다. 이 과정이 너무나 익숙하기 때문에 인지하기 못하지만 세세하게 단계를 나누면 스프레드시트에 저장된 데이터를 가져오기 위해 적게는 3단계에서 4단계를 거치게 됩니다.

앱스 스크립트에서 라이브러리를 이용해서 스프레드시트 작성된 데이터를 불러올 때 앞의 단계를 똑같이 거치게 됩니다. 라이브러리를 참고해 함수를 작성하기 어려울 때는 실제로 우리가 앱을 사용할 때 몇 단계를 거치는지 생각해보고 접근하면 도움이 됩니다.

이제 스프레드시트 라이브러리 사용법을 알아봅시다.

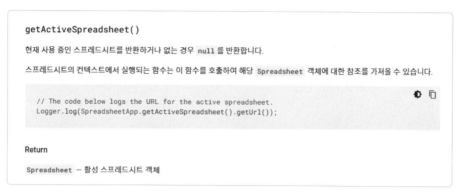

getActiveSpreadSheet 메서드 사용 방법

스프레드시트에서 데이터를 가져오려면 가장 먼저 스프레드시트 앱에 접근해야 합니다. 이때 사용하는 클래스는 SpreadsheetApp입니다. 이 클래스를 통해서 현재 활성화(앱스 스크립트와 연동)된, 즉 데이터를 가지고 오고 싶은 파일에 접근할 수 있습니다. SpreadsheetApp 클래스의 getActiveSpreadSheet 메서드를 호출하면 해당 파일의 Spreadsheet 객체를 가져올 수 있습니다. 이 객체를 통해 파일에 시트를 추가 및 접근, 또는 삭제할 수 있습니다.

```
let spreadSheet = SpreadsheetApp.getActiveSpreadSheet()
```

스프레드시트 파일 객체를 획득했으니 다음은 시트에 대한 객체를 획득해야 합니다. 시트에 대한 객체는 Spreadsheet 클래스의 getSheetByName 메서드를 호출하면 얻을 수 있습니다. getSheetByName(name) 메서드는 입력 매개변수로 접근하고 싶은 시트의 이름을 문자열로 넘겨줘야 합니다. getSheetByName을 호출하면 해당 시트의 Sheet 인스턴스가 반환됩니다.

다음 코드에서는 '시트1'의 첫 번째 row 및 column의 데이터를 가져온다고 생각하고 작성하겠습니다.

```
let spreadSheet = SpreadsheetApp.getActiveSpreadSheet()
let sheet = spreadSheet.getSheetByName('시트1')
```

다수의 데이터를 가져오고 싶을 때 드래그를 해 영역을 지정했었지만 지금은 획득한 Sheet 인스턴스를 이용해 영역을 지정하고 데이터를 가져오겠습니다. 특정 셀의 객체를 가져오는 getRange 메서드를 사용해 Range 객체를 획득합니다. getRange(row, column)의 형태로 작성하며 가져오고 싶은 범위의 row, column을 작성해야 합니다.

```
let spreadSheet = SpreadsheetApp.getActiveSpreadSheet()
let sheet = spreadSheet.getSheetByName('시트1')
let range = sheet.getRange(1, 1)
```

getRange 메서드의 매뉴얼을 보면 하나가 아니라 네 개의 getRange 메서드가 있습니다. 네 개의 getRange는 메서드명은 같지만 매개변수 개수와 형태가 다릅니다. 이름이 같은 메서드가 여러 개 있을 때는 메서드 설명을 보면서 입력하는 매개변수 유형과 개수를 다르게 해 원하는 getRange 메서드를 호출하면 됩니다.

getRange(row, column)	Range	지정된 좌표에 왼쪽 상단 셀이 있는 범위를 반환합니다.
getRange(row, column, numRows)	Range	지정된 좌표에 왼쪽 상단 셀과 지정된 행 수가 있는 범위를 반환합니다.
getRange(row, column, numRows, numColumns)	Range	지정된 수의 행과 열로 지정된 좌표에서 왼쪽 상단 셀이 있는 범위를 반환합니다.
getRange(a1Notation)	Range	A1 표기법 또는 R1C1 표기법에 지정된 범위를 반환합니다.

서로 다른 getRange 메서드

마지막으로 Range 객체의 getValues 메서드를 사용하면 데이터를 얻을 수 있습니다.

```
let spreadSheet = SpreadsheetApp.getActiveSpreadSheet()
let sheet = spreadSheet.getSheetByName('시트1')
let range = sheet.getRange(1, 1)
let data = range.getValues()
```

시트 안에 저장된 데이터를 가져오는 데 무려 세 개의 클래스와 네 개의 메서드를 사용했습니다. 엄청 복잡하게 느껴지겠지만 라이브러리를 사용할 때 매뉴얼을 꼼꼼하게 읽고 어떤 클래스가 반환되고 어떻게 메서드를 호출해야 하는지 천천히 확인하면서 진행하면 금방 익숙해질 겁니다.

(9.4) 캘린더 라이브러리 사용법

이번에는 캘린더 앱에 접근해 스케줄을 등록하려면 라이브러리를 어떻게 사용해야 하는지 알아보겠습니다. 먼저 캘린더에 스케줄을 어떻게 등록하는지 생각해봅시다. 여러 개의 캘린더 중에서 원하는 캘린더를 클릭하고 스케줄을 등록합니다. 즉 원하는 캘린더 획득과 스케줄 등록이라는 두 단계로 이루어졌습니다. 이제 **캘린더 라이브러리**를 통해서 진행해보죠.

가장 먼저 CalendarApp 클래스로 스케줄을 등록하고 싶은 캘린더 객체를 획득해야 합니다. CalenarApp 클래스에서는 getCalendarById(id) 메서드를 사용하면 해당 캘린더의 객체를 반환해줍니다. id를 'en.usa#holiday@group.v.calendar.google.com'이라고 가정하겠습니다. 다음과 같이 작성합니다.

```
let calendar = CalendarApp.getCalendarByid('en.usa#holiday@group.v.calendar.google.com')
```

원하는 캘린더의 인스턴스를 획득했으니 스케줄을 등록합니다. Calendar 클래스에서 createEvent (title, startTime, endTime) 메서드를 사용합니다.

createEvent(title, startTime, endTime)

새 이벤트를 만듭니다.

시간대를 지정하지 않으면 스크립트 시간대의 컨텍스트에서 시간 값이 해석되며, 이는 캘린더의 시간대와 다를 수 있습니다.

```
// Creates an event for the moon landing and logs the ID.
var event = CalendarApp.getDefaultCalendar().createEvent('Apollo 11 Landing',
    new Date('July 20, 1969 20:00:00 UTC'),
    new Date('July 21, 1969 21:00:00 UTC'));
Logger.log('Event ID: ' + event.getId());
```

createEvent 메서드 사용 방법

createEvent 메서드도 두 개 존재합니다. 다른 하나로 createEvent(title, startTime, endTime, options)가 있으며 매개변수가 다르니 이 점을 유의하면서 사용하려는 createEvent 메서드를 작성합니다.

```
let calendar = CalendarApp.getCalendarByid('en.usa#holiday@group.v.calendar.google.com')
let event = calendar.createEvent('스케줄등록', new Date('July 20, 1969 20:00:00 UTC'), new
Date('July 21, 1969 21:00:00 UTC'))
```

startTime과 endTime을 작성할 때 new Date를 사용했습니다. new Date는 Date 클래스로 앱스 스크립트가 기본으로 제공하는 날짜 생성 클래스입니다. 이렇게 createEvent 메서드를 호출하면 event 객체를 반환해주고 스케줄 등록이 완료됩니다.

문서 라이브러리 사용법

구글 문서에서 글을 작성하고 싶을 때 라이브러리를 어떻게 사용해야 하는지 알아보겠습니다. 프로그래밍하지 않고 문서에 글을 작성하고 싶을 때는 문서를 더블 클릭하면 문서 앱이 실행됩니다. 문서가 열린 후 타이핑하면 글이 작성됩니다. 다른 앱과 마찬가지로 **문서 라이브러리**를 이용해 문서에 글을 작성하려면 가장 먼저 DocumentApp 클래스를 사용합니다.

해당 클래스에서 openById 메서드를 이용하면 파일의 id로 해당 파일의 Document 객체를 획득할 수 있습니다.

```
let document = DocumentApp.openById('file-id')
```

해당 문서에 글을 작성하려면 파일의 본문 영역 객체를 획득해야 합니다. Document 클래스는 getBody 메서드를 제공합니다. getBody 메서드는 Body 클래스의 객체를 반환합니다.

```
let document = DocumentApp.openById('file-id')
let body = document.getBody()
```

Body 클래스에서는 appendParagraph 메서드로 본문에 글을 추가할 수 있습니다.

```
let document = DocumentApp.openById('file-id')
let body = document.getBody()
body.appendParagraph('본문에 글을 추가합니다.')
```

라이브러리로 구글 문서에 글을 작성하려면 구글 문서 라이브러리가 어떻게 관계를 맺고 있는지 파악하는 것이 중요합니다. 구글 문서 라이브러리의 주요 클래스는 문서를 만들거나 문서의 제목, 본문 영역에 접근할 수 있는 Document 클래스, 문서의 머리글 부분을 조작하는 HeaderSection 클래스, 본문 영역을 조작할 수 있는 Body 클래스, 문서의 바닥글 영역을 조작하는 FooterSectoin 클래스가 있습니다. 실제로 우리가 머리글, 바닥글, 본문에 글을 작성하는 모습을 떠올려본다면 여러 개의 클래스로 이루어진 라이브러리를 좀 더 쉽게 사용할 수 있을 것입니다.

9.6 **드라이브 라이브러리 사용법**

파일을 저장하고 관리하는 **드라이브 라이브러리** 사용 방법을 알아보겠습니다. 드라이브는 여러 개의 폴더 생성은 물론 폴더 안에 여러 개의 파일을 생성 및 관리할 수 있습니다. 드라이브 라이브러리를 사용하려면 다른 라이브러리와 마찬가지로 앱에 대한 클래스 DriveApp으로 시작합니다. 이번에는 특정 폴더 내에 파일을 만드는 기능을 만들려면 어떻게 라이브러리를 사용하는지 살펴보겠습니다.

먼저 DriveApp 클래스는 getFolderById 메서드를 사용해 접근하고 싶은 Folder 객체를 가져올 수 있습니다. 접근하고 싶은 폴더 ID를 '1ThLDA2-K6kjw5p30lJBFsguM3zVj6kPI'라고 했을 때 다음과 같이 작성합니다.

```
let folder = DriveApp.getFolderById('1ThLDA2-K6kjw5p30lJBFsguM3zVj6kPI')
```

Folder 클래스에서는 createFile 메서드를 사용하면 파일을 만들 수 있습니다. createFile 메서드에는 파일명과 내용을 작성합니다.

```
let folder = DriveApp.getFolderById('1ThLDA2-K6kjw5p30lJBFsguM3zVj6kPI')
let files = floder.createFile('앱스스크립트','파일에 내용작성하기')
```

createFile 메서드도 입력 매개변수의 수, 데이터 유형에 따라 다양한 기능을 제공합니다.

---

createFile(name, content)

지정된 이름과 콘텐츠를 사용하여 현재 폴더에 텍스트 파일을 만듭니다. **content** 이 50MB보다 크면 예외가 발생합니다.

```
// Create a text file with the content "Hello, world!"
DriveApp.getRootFolder().createFile('New Text File', 'Hello, world!');
```

매개변수

이름	유형	설명
name	String	새 파일의 이름입니다.
content	String	새 파일의 콘텐츠

Return 키

`File` : 새 파일입니다.

---

createFile 메서드 사용 방법

9.7 지메일 라이브러리 사용법

앱스 스크립트에서는 MailApp, GmailApp 클래스를 사용해서 이메일을 전송할 수 있습니다. MailApp은 이메일을 전송하는 기능만을 제공하지만 GmailApp은 이메일을 발송, 임시 보관 메일 작성, 메일 내용을 검색 기능 등 더 다양한 함수를 제공합니다. 메일을 발송해보면서 사용 방법을 알아보겠습니다.

Gmail Service 🔖 ▾   의견 보내기

이 서비스를 사용하면 이메일을 보내고, 임시보관 메일을 작성하고, 라벨을 관리하고, 메시지와 대화목록을 표시하며, 기타 다양한 Gmail 계정 관리 작업을 수행할 수 있습니다. 이메일 전송만 허용하는 간단한 서비스인 메일 서비스도 참고하세요.

클래스

이름	간략한 설명
GmailApp	Gmail 대화목록, 메일, 라벨에 대한 액세스 권한을 제공합니다.
GmailAttachment	Gmail 첨부파일.
GmailDraft	사용자의 Gmail 계정에서 사용자가 만든 임시보관 메일
GmailLabel	사용자의 Gmail 계정에서 사용자가 만든 라벨

지메일 라이브러리 설명

먼저 GmailApp이 필요합니다. GmailApp의 메서드 sendEmail 메서드를 호출해 메일을 발송할 수 있습니다. GmailApp에서는 sendEmail 메서드를 두 종류로 제공합니다. 첫 번째 sendEmail 메서드는 수신자 이메일, 주제, 본문을 세 개의 매개변수로 갖고, 두 번째 sendEmail은 앞서 세 개의 파라미터와 options 매개변수 하나를 더 갖습니다.

sendEmail(recipient, subject, body)	GmailApp	이메일 메시지를 보냅니다.
sendEmail(recipient, subject, body, options)	GmailApp	선택적 인수가 포함된 이메일 메시지를 보냅니다.

sendEmail 메서드들

options는 기본으로 설정할 답장받을 이메일 주소나 참조 목록 등 추가적으로 설정할 수 있는 자바스크립트 객체입니다.

고급 매개변수

이름	유형	설명
attachments	BlobSource[]	이메일과 함께 전송할 파일 배열
bcc	String	쉼표로 구분된 숨은참조 이메일 주소 목록
cc	String	참조에 추가할 이메일 주소 목록(쉼표로 구분)
from	String	이메일을 보낼 주소이며 getAliases()에서 반환된 값 중 하나여야 합니다.
htmlBody	String	설정된 경우 HTML을 렌더링할 수 있는 기기가 필수 본문 인수 대신 이 필드를 사용합니다. 이메일 인라인 이미지가 있는 경우 HTML 본문에 inlineImages 필드를 추가할 수 있습니다.
inlineImages	Object	이미지 키(String)에서 이미지 데이터(BlobSource)로의 매핑이 포함된 자바스크립트 객체. 여기서는 htmlBody 매개변수가 사용된다고 가정하고 이러한 이미지에 대한 참조를 <img src="cid:imageKey" /> 형식으로 포함합니다.
name	String	이메일 발신자 이름 (기본값: 사용자 이름)
noReply	Boolean	true: 이메일 답장에 사용할 수 없는 일반 이메일 주소에서 이메일을 보내야 하는 경우: 이 옵션은 Gmail 사용자가 아닌 Google Workspace 계정에서만 가능합니다.
replyTo	String	기본 답장받을 주소로 사용할 이메일 주소(기본값: 사용자의 이메일 주소)

options 설정과 데이터 유형

두 번째 sendEmail 메서드를 사용해서 메일을 발송해보겠습니다. 수신자를 'test@gmail.com'(전송된 이메일을 확인할 수 있는 실제 메일 계정으로 작성하세요), 주제를 'Gmail App testing', 본문은 '지메일 발송 테스트 하고 있습니다.', options은 name만 사용해 'PARK'으로 설정한 후 발송하겠습니다. 다음과 같이 작성하면 됩니다. options을 작성할 때 name을 객체 속성으로 지정하고, 값을 'PARK'으로 지정한 것에 주의하세요.

```
GmailApp.sendEmail('test@gmail.com', 'Gamil App testing', '지메일 발송 테스트 하고 있습니다.',
{
  name: 'PARK'
})
```

해당 코드를 실행하면 수신자에 작성된 계정으로 이메일이 도착한 것을 확인할 수 있습니다.

지금까지 구글 라이브러리의 구조와 사용법을 살펴봤습니다. 처음 라이브러리를 사용하려고 하면 방대한 양과 익숙하지 않은 클래스, 함수 사용법 때문에 어렵게 느껴질 겁니다. 이럴 때는 앱을 어떻게 사용하는지 단계별로 생각해보면서 그에 맞는 클래스와 비교해보는 방식으로 접근한다면 좀 더 익숙해질 수 있을 것입니다.

함수 역시 마찬가지입니다. 먼저 함수명과 설명을 찾아보고 특정 함수를 사용하려면 입력해야 하는 매개변수의 수가 몇 개인지 어떤 형태인지 확인하고, 반환하는 데이터의 유형과 클래스는 무엇인지 하나하나 체크하면서 사용하면 익숙해질 것이라 생각합니다. 이제 본격적으로 라이브러리를 사용한 프로그래밍을 시작하겠습니다. 프로그래밍의 기본 개념과 문법에 친숙해질 수 있도록 반복적으로 개념과 문법을 설명했습니다. 자, 시작해볼까요?

CHAPTER 10

캘린더 스케줄 등록 프로그램

스프레드시트에 저장된 스케줄 정보를 읽어와 캘린더에 등록하는 프로그램을 만들어봅시다. 앞서 만든 이메일 발송 프로그램 구조와 매우 유사합니다. 하지만 읽어온 정보를 이메일로 발송하는 것이 아니라 캘린더에 등록한다는 점이 다릅니다. 캘린더 프로그램을 만들 때는 최대한 함수를 만들어서 진행합니다. 함수를 사용하면 코드 재사용이 좋고 기능 단위로 분리시켜 관리가 편리하며 더 구조적인 프로그램을 만들 수 있습니다.

10.1 프로그램 동작 순서 알아보기

프로그램 구조와 동작 순서를 간단히 알아봅시다.

첫째, 스프레드시트에 저장된 스케줄 정보를 읽어와 앱스 스크립트 프로젝트 변수에 저장합니다.

둘째, 캘린더에 스케줄을 등록할 날짜를 전달하고자 시트에서 읽어온 날짜 데이터를 변형합니다. 날짜 또는 시간 데이터를 다룰 때는 시차를 고려해 처리해줘야 합니다. 예를 들어 한국이 영국보다 여덟 시간 빠르기 때문에 지역마다 시간이 다르면 시차를 고려해 날짜를 변경하는 기능을 만들어야 합니다.

마지막으로 셋째, 가공된 데이터를 캘린더 라이브러리 기능으로 스케줄을 생성합니다.

프로그램에서 사용하는 라이브러리

캘린더에 스케줄을 등록할 때 어떤 데이터 형태를 사용해야 할까요? 어떻게 캘린더에 접근할 수 있을까요? 우선 의문점부터 해결해보겠습니다. 구글이 제공하는 라이브러리 문서를 참고합니다. 구글 캘린더 라이브러리는 다음 URL에서 확인할 수 있습니다.

URL https://developers.google.com/apps-script/reference/calendar

단축 https://bit.ly/3fyETVQ

캘린더에 ID 값으로 접근하는 방법은 다음 URL에서 확인할 수 있습니다.

URL https://developers.google.com/apps-script/reference/calendar/calendar-app#getCalendarById(String)

단축 https://bit.ly/3Jykqw0

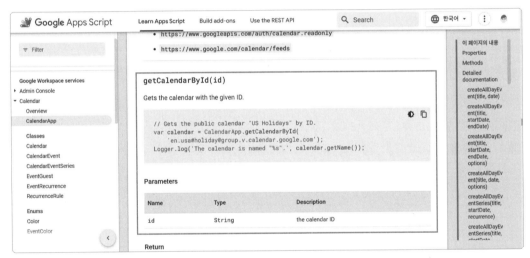

캘린더 라이브러리 getCalendarById

스케줄을 생성하는 기능은 다음 URL에서 확인할 수 있습니다.

URL https://developers.google.com/apps-script/reference/calendar/calendar#createEvent(String,Date,
Date,Object)

단축 https://bit.ly/3fwUDZA

createEvent 라이브러리를 살펴보면 총 네 개의 데이터가 필요합니다. 스케줄 제목, 시작 시간, 끝나는 시간, 옵션을 전달해주면 됩니다. 각 데이터 및 매개변수에 관한 상세 내용은 링크에서 직접 확인해보기를 바랍니다.

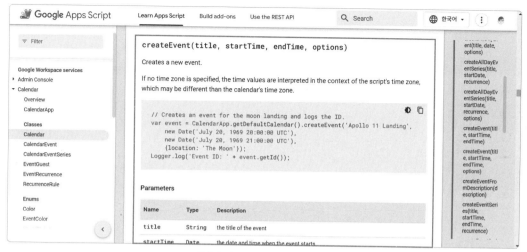

캘린더 라이브러리 createEvent

날짜와 시간을 바꿀 때는 날짜를 변경하는 라이브러리도 사용할 것입니다. 8.2절에서 살펴봤으니 참고하세요.

우선 하나의 스케줄을 캘린더에 등록하는 것을 구현하고 다수의 스케줄을 등록할 수 있도록 구현해보겠습니다. 최종 소스 파일은 다음 URL에서 확인할 수 있습니다.

URL https://bit.ly/41S14sP

스프레드시트 파일은 다음 URL에서 확인할 수 있습니다.

URL https://bit.ly/3fxiAQG

(10.3) 캘린더와 스프레드시트 만들기

프로그램에 사용할 캘린더를 만들겠습니다. 먼저 상단 메뉴(▦)에는 '드라이브', '문서', '스프레드시트' 등의 메뉴가 있습니다. 그중 캘린더를 선택합니다.

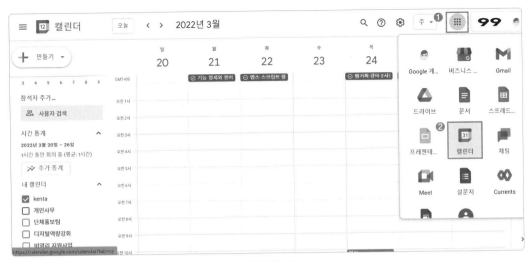

구글 캘린더

캘린더 화면의 좌측 메뉴에 있는 '내 캘린더' 하단에는 '다른 캘린더'가 있습니다. +를 클릭합니다.

구글 캘린더에 있는 다른 캘린더 메뉴

'캘린더 구독', '새 캘린더 만들기', '리소스 찾아보기', '관심분야와 관련된 캘린더', 'URL로 추가', '가져오기' 등이 항목으로 있습니다. 그중 새 캘린더 만들기를 선택합니다.

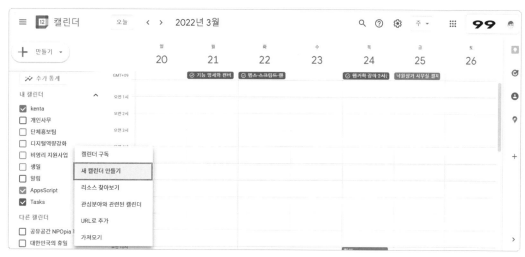

새 캘린더 만들기

캘린더 이름은 '앱스스크립트'라고 입력한 후 '시간대'가 서울로 설정되었는지 확인합니다. 확인이 끝났다면 [캘린더 만들기]를 클릭합니다.

새 캘린더 설정하기

앱스 스크립트를 통해 해당 캘린더에 접근할 때 캘린더 ID를 알아야 합니다. 캘린더 ID는 해당 캘린더의 설정에서 확인할 수 있습니다. 캘린더 설정은 캘린더 앱 화면에서 설정으로 이동하고 싶은 캘린더에 마우스를 가져간 후 ⋮ 를 클릭합니다.

캘린더 ID 확인하기 ①

항목 중 설정 및 공유를 클릭합니다.

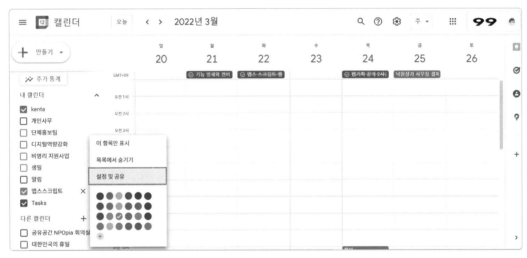

캘린더 ID 확인하기 ②

설정 화면에서 아래로 스크롤하면 '캘린더 통합'에 **캘린더 ID**가 있습니다. 캘린더 ID는 이후 생성할 스프레드시트에 저장해야 합니다. 따로 메모해두세요.

캘린더 ID 확인하기 ③

이제 앱스 스크립트에서 사용할 스프레드시트를 만들겠습니다. 스프레드시트 파일을 만들고 두 개의 시트를 생성합니다. 첫 번째는 캘린더 ID를 저장할 캘린더 시트입니다. 두 번째는 스케줄 정보를 저장할 스케줄 시트입니다. 캘린더 시트 셀 A1에 '캘린더ID'라고 입력하고 셀 B1에는 실제 캘린더 ID를 작성합니다.

스프레드시트의 캘린더 시트

스케줄 시트에는 캘린더에 저장할 스케줄 정보를 저장합니다. 라이브러리에서 확인했듯이 필요한 세 개의 데이터를 작성합니다. 제목, 시작 시간, 종료 시간입니다. 자유롭게 작성하되 프로그램 동작을 쉽게 확인할 수 있도록 최근 날짜를 사용합니다.

스프레드시트의 스케줄 시트

B열에 시작 날짜, C열에 종료 날짜를 적습니다. **서식 ➡ 숫자 ➡ 날짜 시간**으로 서식을 지정합니다. 2022/06/12 14:00으로 작성하면 시트에서 자동으로 지정한 서식으로 변경합니다.

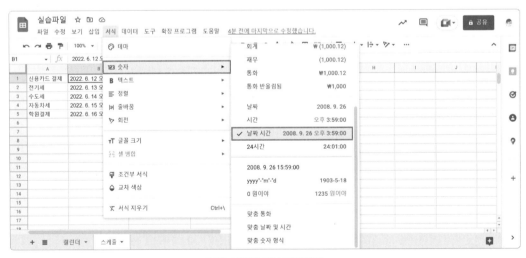

날짜 시간의 서식 지정하기

10.4 데이터 읽어오기

스프레드시트 파일에서 앱스 스크립트를 실행해 편집기 화면으로 이동합니다. **확장 프로그램 ➡ Apps Script**를 클릭합니다. 시트에서 가져올 데이터는 캘린더 ID 값과 스케줄 시트의 첫 번째 줄에 있는 정보입니다. 함수 getSheet를 정의해 시트 이름을 전달하면 해당 시트 객체를 반환하도록 구현합니다.

```
function myFunction() {
  let calendarSheet = getSheet('캘린더');
  let scheduleSheet = getSheet('스케줄');
  Logger.log(calendarSheet.getSheetName());
}

function getSheet(sheetName){
  return SpreadsheetApp.getActiveSpreadsheet().getSheetByName(sheetName)
}
```

함수 getSheet에서는 SpreadsheetApp.getActiveSpreadsheet().getSheetByName(sheetName)을 사용해 시트 이름으로 시트에 접근 가능한 객체를 반환합니다. 함수 myFunction에서는 getSheet를 호출해 calendarSheet, scheduleSheet에 시트 접근 객체를 저장합니다. 시트 객체는 함수 getSheetName을 사용하면 해당 시트의 이름을 출력할 수 있습니다. 시트 이름이 출력되는지 Logge.log를 통해 확인합니다.

getSheet **함수**

시트에 저장된 데이터를 불러오겠습니다. 시트 객체 및 데이터의 열과 행을 입력하면 해당 데이터를 반환하는 함수 getValueFromSheet를 작성합니다. 캘린더 ID는 1행 2열에 위치했습니다.

```
function myFunction() {
  let calendarSheet = getSheet('캘린더');
  let scheduleSheet = getSheet('스케쥴');
  let calendarId = getValueFromSheet(calendarSheet,1,2);
  Logger.log(calendarId);
}

function getValueFromSheet(sheet, row, column){
  return sheet.getRange(row, column).getValue();
}

function getSheet(sheetName){
  return SpreadsheetApp.getActiveSpreadsheet().getSheetByName(sheetName)
}
```

함수 getValueFromSheet는 시트 접근 객체, 행과 열에 대한 값을 받습니다. 또한, getRange(row, column).getValue() 호출로 값을 반환합니다. 출력을 통해 calendarId 변수에 저장된 ID 값을 확인합니다.

다음으로 스케쥴의 첫 번째 줄 정보를 불러와 출력해보겠습니다. 함수 getValueFromSheet를 사용하고 여러 번 읽어와야 합니다. for 문을 사용하고 배열을 이용해 저장합니다.

```
function myFunction() {
  let calendarSheet = getSheet('캘린더');
  let scheduleSheet = getSheet('스케쥴');
  let calendarId = getValueFromSheet(calendarSheet,1,2);
  let scheduleInfo = []
  for(let i = 1; i < 4; i++){
    scheduleInfo[i-1] = getValueFromSheet(scheduleSheet,1,i)
  }
  Logger.log(scheduleInfo)
}

function getValueFromSheet(sheet, row, column){
  return sheet.getRange(row, column).getValue();
}

function getSheet(sheetName){
  return SpreadsheetApp.getActiveSpreadsheet().getSheetByName(sheetName)
}
```

스케줄 정보를 저장할 배열 scheduleInfo 변수를 선언하고 반복문으로 시트에 저장된 값을 불러와 sceduleInfo 배열에 하나씩 저장합니다. 반복문에 getValueFromSheet(scheduleSheet,1,i)로 작성했기 때문에 반복문이 실행될 때 i 값이 1부터 3까지 들어가면서 1열, 2열, 3열의 데이터를 불러와 배열에 저장합니다. 단 배열의 인덱스를 i-1로 지정해 배열 인덱스가 0부터 시작할 수 있도록 했다는 점을 주의합시다. 이후 스케줄 정보를 불러올 때 재사용하고자 함수로 만들어둡니다.

```
function myFunction() {
  let calendarSheet = getSheet('캘린더');
  let scheduleSheet = getSheet('스케줄');
  let calendarId = getValueFromSheet(calendarSheet,1,2);
  let scheduleInfo = getScheduleInfo( scheduleSheet, 1);
  Logger.log(scheduleInfo);
}

function getScheduleInfo( sheet, row ){
  let rowScheduleInfo = []
   for(let i = 1; i < 4; i++){
     rowScheduleInfo[i-1] = getValueFromSheet(sheet,row,i)
   }
  return rowScheduleInfo
}

function getValueFromSheet(sheet, row, column){
  return sheet.getRange(row, column).getValue();
}

function getSheet(sheetName){
  return SpreadsheetApp.getActiveSpreadsheet().getSheetByName(sheetName)
}
```

함수 getScheduleInfo는 시트 접근 객체와 가져올 행을 전달하면 스케줄 시트 한 행에 저장된 데이터를 배열 형태로 반환합니다. getScheduleInfo에는 앞서 작성한 반복문 코드를 활용했습니다. 함수 getScheduleInfo를 만들어두면 이후 두 번째 행, 세 번째 행의 데이터를 가져올 때 코드를 다시 작성하는 것이 아니라 getScheduleInfo를 통해 원하는 행만 전달해 가져올 수 있어 편리해집니다.

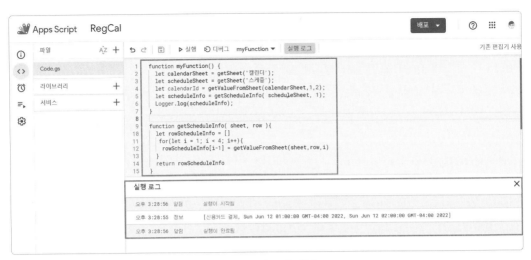

getScheduleInfo **함수**

출력을 확인해보면 스케줄 제목은 정상적으로 출력되지만 시작 시간과 종료 시간은 작성한 것과 달리 출력되는 것을 확인할 수 있습니다. 시트에 작성한 시간은 대한민국 서울을 기준으로 작성했지만 출력되는 시간은 그리니치 평균시로 표시되므로 다르게 표시됩니다.

(10.5) 날짜 변환하기

캘린더에 대한민국 시간으로 스케줄을 등록할 수 있도록 수정해보겠습니다. 그리니치 평균시로 표시되는 시작 시간과 종료 시간을 서울 시간 기준대로 변환합니다. 구글 라이브러리에는 시간대를 변경해주는 기능이 있습니다. 다음 URL에서 사용 방법을 확인할 수 있습니다. 9.4절에서 이미 살펴봤습니다.

URL https://developers.google.com/apps-script/reference/utilities/utilities#formatDate(Date,String,String)
단축 https://bit.ly/3E57mwX

함수 formatDate에 총 세 개의 데이터를 전달해야 합니다. 변경하려는 시간, 변경하고 싶은 시간대, 마지막으로 표시하고 싶은 형식입니다.

시간을 전달할 때 유의 사항은 문자열이 아닌 Date Type, 즉 날짜 객체로 전달해야 한다는 점입니다. 시트에서 읽어온 시간 정보는 문자열로 되어 있어 new Date()를 이용해 변경해야 합니다. 서울은 시간대로 GMT+9를 사용합니다. 시간 표현 방법은 'MM dd, yyyy HH:mm:ss +0900'처럼 작성해 '월일, 연도, 시간:분:초 시간대'로 표시되도록 하겠습니다. 예를 들어 2022년 6월 16일 01:00:00라면 06 16, 2022 01:00:00 +9000으로 출력됩니다. 함수 convertKST를 만들고 해당 함수로 시간을 변환해 반환합니다.

```
function myFunction() {
  let calendarSheet = getSheet('캘린더');
  let scheduleSheet = getSheet('스케쥴');
  let calendarId = getValueFromSheet(calendarSheet,1,2);
  let scheduleInfo = getScheduleInfo( scheduleSheet, 1);
  let startDate = convertKST(scheduleInfo[1])
  Logger.log(startDate);
}

function convertKST(data){
  return Utilities.formatDate(new Date(data), "GMT+9", "MM dd, yyyy HH:mm:ss +0900")
}

function getScheduleInfo( sheet, row ){
  let rowScheduleInfo = []
   for(let i = 1; i < 4; i++){
     rowScheduleInfo[i-1] = getValueFromSheet(sheet,row,i)
  }
  return rowScheduleInfo
}

function getValueFromSheet(sheet, row, column){
  return sheet.getRange(row, column).getValue();
}

function getSheet(sheetName){
  return SpreadsheetApp.getActiveSpreadsheet().getSheetByName(sheetName)
}
```

scheduleInfo 배열의 두 번째 저장된 시작 시간을 convertKST로 변환합니다. 출력한 결과를 보고 시트에서 작성한 시간이 맞는지 확인해봅시다.

convertKST **함수**

정상적으로 동작하는 것을 확인했다면 시작 시간과 종료 시간을 변환해 저장하는 함수를 작성하겠습니다. 함수 changeCalTime을 만듭니다. 해당 함수 안에서 시작 시간과 종료 시간을 함수 convertKST로 변경합니다. 정상적으로 동작하는지 종료 시간을 출력해봅시다.

```
function myFunction() {
  let calendarSheet = getSheet('캘린더');
  let scheduleSheet = getSheet('스케줄');
  let calendarId = getValueFromSheet(calendarSheet,1,2);
  let scheduleInfo = getScheduleInfo( scheduleSheet, 1);
  changeCalTime(scheduleInfo)
  Logger.log(scheduleInfo[2]);
}

function changeCalTime(info){
  info[1] = convertKST(info[1])
  info[2] = convertKST(info[2])
}

function convertKST(data){
  return Utilities.formatDate(new Date(data), "GMT+9", "MM dd, yyyy HH:mm:ss +0900")
}
…생략…
```

캘린더에 등록하기 위한 과정이 마무리되었습니다. 이제 첫 번째 스케줄을 캘린더에 등록해보겠습니다.

10.6 캘린더에 스케줄 등록하기

읽어온 스케줄 정보와 캘린더 ID 값을 이용해 캘린더에 스케줄을 등록하는 함수를 구현해보겠습니다. 캘린더에 스케줄을 등록하는 라이브러리는 다음 URL에서 확인할 수 있습니다.

URL https://developers.google.com/apps-script/reference/calendar/calendar#createEvent(String,Date, Date,Object)

단축 https://bit.ly/3fwUDZA

함수 createEvent를 사용하며 총 세 개의 데이터(제목, 시작, 종료 시간)를 전달하면 됩니다(네 번째 매개변수는 옵션입니다).

캘린더 객체를 반환하는 함수 getCalender와 스케줄 정보를 등록할 함수 registerSchedule을 작성해봅시다.

```javascript
function myFunction() {
  let calendarSheet = getSheet('캘린더');
  let scheduleSheet = getSheet('스케줄');
  let calendarId = getValueFromSheet(calendarSheet,1,2);
  let scheduleInfo = getScheduleInfo( scheduleSheet, 1);
  changeCalTime(scheduleInfo)

  let calendar = getCalender(calendarId)
  registerSchedule(calendar, scheduleInfo)
}

function registerSchedule(calendar, schedule){
  calendar.createEvent(schedule[0],new Date(schedule[1]), new Date(schedule[2]))
}

function getCalender(id){
  return CalendarApp.getCalendarById(id);
}

function changeCalTime(info){
    info[1] = convertKST(info[1])
    info[2] = convertKST(info[2])
}
…생략…
```

함수 getCalendar는 CalendarApp.getCalendarById(id)로 캘린더에 접근할 수 있는 객체를 반환합니다. 캘린더 객체를 변수 calendar에 저장하고 해당 객체와 스케줄 정보를 함수 registerSchedule에 전달합니다. registerSchedule에서는 함수 createEvent를 활용해 스케줄을 등록합니다. createEvent에 시간을 전달할 때는 시간 객체로 전달해야 하며, new Date()로 문자열을 시간 객체로 변환해줍니다. 해당 코드를 실행하고 캘린더로 이동하면 해당 시간에 스케줄이 생성된 것을 확인할 수 있습니다.

캘린더 스케줄 등록 화면

한 개의 스케줄 정보를 등록하는 기능을 구현했습니다. 지금까지 구현한 기능을 확장해 여러 개의 스케줄을 등록하는 기능을 구현해봅시다.

10.7 많은 스케줄 데이터 읽어오기

스케줄 시트에 작성된 여러 개의 스케줄 데이터를 읽어오겠습니다. for 문을 활용합니다.

```
function myFunction() {
  let calendarSheet = getSheet('캘린더');
  let scheduleSheet = getSheet('스케줄');
  let calendarId = getValueFromSheet(calendarSheet,1,2);

  let scheduleList = []
  for( let i = 1; i < 6; i++){
```

```
    let scheduleInfo = getScheduleInfo( scheduleSheet, i);
    changeCalTime(scheduleInfo)
    scheduleList.push(scheduleInfo)
  }

  scheduleList.forEach( function(schedule){
    Logger.log(schedule[0])
  })

  // let calendar = getCalender(calendarId)
  // registerSchedule(calendar, scheduleInfo)

}

function registerSchedule(calendar, schedule){
  calendar.createEvent(schedule[0],new Date(schedule[1]), new Date(schedule[2]))
}
…생략…
```

myFunction 안에 있는 함수 getCalendar와 registerSchedule은 현 단계에서는 사용하지 않아 //를
사용해 주석으로 처리합니다.

여러 개의 스케줄을 불러올 때 해야 하는 작업은 함수 getScheduleInfo가 두 번째로 전달해야
하는 행의 값을 변경해야 한다는 점입니다. for 문을 활용해 i를 1부터 5까지 반복하게 하고 i를
getScheduleInfo에 전달했습니다.

불러온 스케줄 정보에서 시간을 변경하고자 함수 changeTime을 호출하고 미리 정의된 배열
scheduleList에 push를 사용해 추가합니다. 스케줄 정보가 잘 저장되었는지 scheduleList 요소
를 출력하는 데 scheduleList.forEach를 사용했습니다. forEach는 for와 같이 반복문을 실행합니
다. 차이점이 있다면 배열 scheduleList의 길이만큼 forEach()에 작성한 함수를 반복해 실행합니다.
forEach를 사용하면 for보다 간편하게 사용할 수 있어 배열에 반복문을 적용할 때 많이 사용합니다.
forEach()에서는 반복이 일어날 때마다 forEach(function(schedule){ })에서 배열 요소가 순차적으
로 변수 schedule에 전달되어 함수 안에서 사용할 수 있습니다.

정상적으로 작동하는지 로그를 출력해보겠습니다.

여러 개의 스케줄 읽어오기

10.8 캘린더에 여러 개의 스케줄 등록하기

scheduleList에 스케줄 정보를 저장했습니다. 이제 캘린더에 등록해봅시다. 반복문을 사용하면 간단하게 구현할 수 있습니다.

```
function myFunction() {
  let calendarSheet = getSheet('캘린더');
  let scheduleSheet = getSheet('스케줄');
  let calendarId = getValueFromSheet(calendarSheet,1,2);

  let scheduleList = []
  for( let i = 1; i < 6; i++){
    let scheduleInfo = getScheduleInfo( scheduleSheet, i);
    changeCalTime(scheduleInfo)
    scheduleList.push(scheduleInfo)
  }

  let calendar = getCalender(calendarId)

  scheduleList.forEach( function(schedule){
    registerSchedule(calendar, schedule)
  })
}
...생략...
```

캘린더 ID 값으로 객체 calendar를 가져오는 함수 getCalendar를 사용합니다. 또한, forEach에서 스케줄을 등록하는 함수 registerSchedule을 호출해 배열 scheduleList에 저장된 요소의 개수만큼 반복하도록 구현합니다. 캘린더로 이동하면 스케줄이 등록된 것을 확인할 수 있습니다.

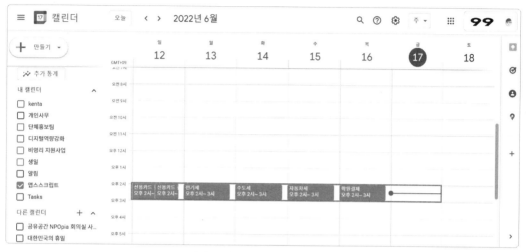

여러 스케줄이 등록된 캘린더 화면

캘린더에 스케줄을 등록하는 프로그램이 완성되었습니다. 이메일 발송 프로그램과는 달리 최대한 함수를 작성해 구현했습니다. 기능들을 함수로 작성하면 더 구조적인 프로그램을 만들 수 있을 뿐만 아니라 재사용할 수 있어 편리하게 프로그래밍할 수 있습니다.

스케줄 등록 프로그램에서는 구글 라이브러리의 기능을 많이 사용했습니다. 매뉴얼을 참고할 때 사용해야 하는 함수는 무엇이며 함수에 전달해야 하는 데이터 수와 형태, 그리고 반환하는 데이터 형태 등을 자세히 살펴보기를 바랍니다.

CHAPTER 11

냉장고 속 식자재 관리 프로그램

냉장고에 계란, 고기, 김치 등을 보관하다 유통기한이 지나간 기억이 한 번쯤 있을 것입니다. 이를 개선하고자 냉장고 속 식자재를 관리하는 **웹 앱**web application을 만들어보겠습니다. 냉장고에 넣을 제품의 종류, 유통기한, 수량을 입력하고 등록 버튼을 클릭하면 스프레드시트에 저장하는 프로그램입니다. 앞선 프로그램이 스프레드시트에 저장된 데이터를 다른 앱으로 전달해 사용하는 방법이었다면 이번에는 사용자가 입력한 데이터를 스프레드시트에 저장하는 방법입니다.

11.1 프로그램 동작 순서 알아보기

냉장고 속 식자재 관리 프로그램은 웹 앱으로 제작합니다. 웹 앱은 사용자가 브라우저를 통해 기능을 제공하는 애플리케이션을 말합니다. 해당 프로그램은 앞서 만들었던 프로그램과 반대 방식으로 동작합니다. 사용자가 냉장고 음식 정보를 입력하고 등록 버튼을 클릭하면 입력 정보는 앱스 스크립트 프로젝트로 전달되며 스프레드시트에 음식 정보를 저장한 후 사용자에게 완료된 사실을 전달하고 마무리됩니다.

냉장고 속 식자재 관리 프로그램은 사용자의 입력을 받는 기능을 구현하며 웹 사이트를 제작할 때 필수인 HTML 언어를 사용해 입력 페이지를 작성합니다. 최종 소스 파일은 다음 URL에서 확인할 수 있습니다.

URL https://bit.ly/3BMU4Tq

냉장고 속 식자재 관리 프로그램 구조

(11.2) 프로그램에서 사용하는 라이브러리

입력 페이지를 만들고 연결은 **HTML Service 라이브러리**를 사용합니다. 라이브러리에서는 HTML 파일을 만들고 사용자가 웹 앱을 방문했을 때 HTML을 어떻게 연결해야 하는지 확인할 수 있습니다.

URL https://developers.google.com/apps-script/guides/html
단축 https://bit.ly/3UQyQw5

HTML 파일과 앱스 스크립트 간 소통 방법은 다음 라이브러리에서 확인할 수 있습니다.

URL https://developers.google.com/apps-script/guides/html/communication
단축 https://bit.ly/3y6XzCz

자세한 사용 방법은 직접 구현하면서 알아보겠습니다.

(11.3) 사용자 입력 페이지와 기능 만들기

사용자가 정보를 입력할 수 있는 화면을 만들겠습니다. 스프레드시트 파일을 새로 만들고 앱스 스크립트를 실행합니다. 사용자가 브라우저에서 볼 수 있는 화면을 만들기 위해서는 **HTML** 파일이 필요합니다. 앱스 스크립트의 왼쪽 상단의 **+ ➡ HTML**을 클릭합니다. HTML_{HyperText Markup Language}은 웹에서 페이지를 만들 때 사용하는 언어입니다.

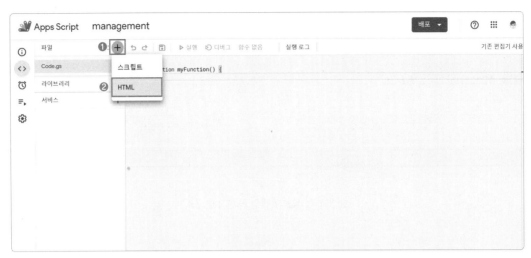

HTML 파일 만들기

파일이 생성되면 파일명을 'index'로 이름을 작성합니다.

index.html 파일

index.html 파일을 살펴보면 <html>, <head>, </head>와 같은 형태로 작성한다는 것을 확인할 수 있습니다. <html>, <head>, </head>를 **태그**tag라고 부릅니다. <html>, <head>, <body>처럼 /가 없는 태그를 **시작 태그**라고 하고, </html>, </head>, </body>처럼 /가 있는 태그를 **종료 태그**라고 합니다. HTML에서는 시작 태그와 종료 태그를 모두 구성해야 합니다. 콘텐츠는 시작 태그와 종료 태그 사이에 작성하며 HTML 태그는 중첩으로 사용할 수 있습니다. <body>와 </body> 사이에 <p>Hello HTML</p>를 작성합니다. <p> 태그는 문단을 나타낼 때 사용합니다.

```
<!DOCTYPE html>
<html>
  <head>
    <base target="_top">
  </head>
  <body>
    <p>Hello HTML</p>
  </body>
</html>
```

이제 Code.gs로 이동을 합니다. Code.gs에서는 사용자가 주소를 클릭했을 때 index.html로 응답하는 기능을 구현합니다. 다음과 같이 Code.gs에서 작성합니다.

```
function doGet() {
  return HtmlService.createHtmlOutputFromFile('index');
}
```

반드시 함수 doGet의 이름을 똑같이 사용해야 합니다. doGet은 사용자가 웹 앱의 주소를 클릭했을 때 요청을 처리하는 앱스 스크립트에서 공통으로 사용하는 함수입니다. 함수 HtmlService. createHtmlOuptutFromFile을 사용할 때는 응답할 HTML 파일을 문자열 형태로 넘깁니다.

HtmlService.createHtmlOutputFromFile('index')로 index.html 파일을 반환합니다. 실행해보면 실행 로그 창에는 아무런 결과가 나오지 않습니다. 웹 앱으로 만들려면 배포를 해야 하기 때문입니다. 오른쪽 상단의 배포 ➡ 새 배포를 클릭합니다.

웹 앱으로 만들고자 '새 배포' 선택하기

유형 선택 ➡ 웹 앱을 선택합니다.

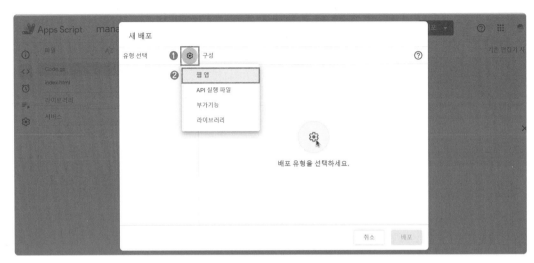

유형 선택하기

설명란에는 '냉장고 속 식자재 관리 프로그램'이라고 작성하고 웹 앱을 실행할 계정과 액세스 권한을 '나만'으로 지정한 후 [배포]를 클릭합니다.

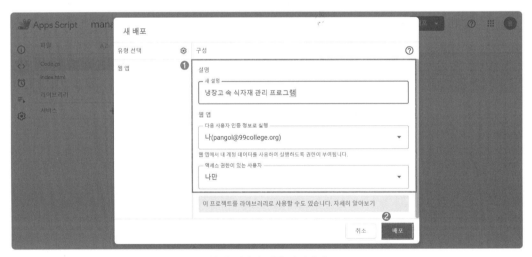

웹 앱 설명과 권한 설정하기

배포가 완료되면 접근 가능한 주소를 확인할 수 있습니다. '복사'를 클릭합니다.

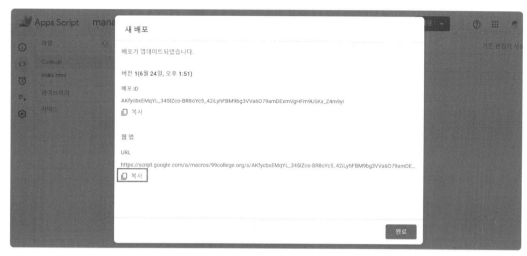

배포 완료하기

브라우저창에 입력하면 'Hello HTML' 메시지가 나타납니다.

메시지가 나타난 index.html

이제 사용자가 정보를 입력할 수 있도록 앞서 생성한 index.html 파일을 완성하겠습니다. index.html 또는 Code.gs 파일을 변경하면 저장과 실행, 새 배포 또는 테스트 배포를 통해 반영시켜야 한다는 점 반드시 기억하세요. 작성했던 index.html 파일을 다음과 같이 작성합니다. `<input>` 태그를 `<body>` 태그 안에 작성하면 사용자 입력을 받을 수 있습니다.

```
<!DOCTYPE html>
<html>
  <head>
    <base target="_top">
  </head>
  <body>
    <h1>냉장고 속 식자재 관리 프로그램</h1>
    <label>종류</label>
    <input type="text" name="type">
    <br>
    <label>수량</label>
    <input type="number" name="number">
    <br>
    <label>유효기간</label>
    <input type="date" name="deadline">
    <br>
    <button>등록</button>
  </body>
</html>
```

<h1> 태그는 제목을 표시할 때 사용합니다. <input> 태그는 사용자 입력을 받을 때 사용합니다. 입력받을 데이터의 자료 유형을 type으로 지정한 후 name 속성을 이용해 태그의 이름을 지정합니다. 숫자를 입력받을 때는 type 값으로 number를, 날짜를 입력받을 때는 date를 작성합니다. <label> 태그는 <input> 태그의 제목을 표시하고 싶을 때 사용합니다.
 태그는 줄 바꿈을 합니다. 마지막으로 <button> 태그를 사용해 '등록' 버튼을 작성합니다.

배포 ➡ 테스트 배포를 실행하고 화면을 확인해봅시다.

냉장고 속 식자재 관리 프로그램

종류 [   ]
수량 [   ]
유효기간 [연도-월-일 📅]
[등록]

사용자 입력 화면

[등록] 버튼을 클릭하면 반응이 없습니다. [등록] 버튼을 클릭하면 'Hello'를 출력하는 기능을 구현해 보겠습니다. 인터랙션interaction 기능을 구현할 때는 HTML 페이지 내에서 자바스크립트JavaScript 언어로 구현합니다. 앱스 스크립트와 이름만 다른 것이 자바스크립트라고 보면 됩니다.

index.html 파일을 다음과 같이 수정합니다. <head> 태그 안에 <script> 태그를 작성하고 안에 함수 register 함수를 정의합니다. 버튼을 클릭했을 때 register를 실행되도록 <button> 태그 안에 onclick 속성을, 값으로 register()를 작성합니다. 함수 register에는 경고창을 호출하는 함수 alert를 작성합니다. alert는 자바스크립트에서 제공하는 함수입니다.

```html
<!DOCTYPE html>
<html>
  <head>
    <base target="_top">
    <script>
      function register(){
        alert("Hello")
      }
    </script>
  </head>
  <body>
    <h1>냉장고 속 식자재 관리 프로그램</h1>
    <label>종류</label>
    <input type="text" name="type">
    <br>
    <label>수량</label>
    <input type="number" name="number">
    <br>
    <label>유효기간</label>
    <input type="date" name="deadline">
    <br>
    <button onclick="register()">등록</button>
  </body>
</html>
```

저장한 후 배포 ➡ 테스트 배포를 실행합니다. 페이지에 접속해 [등록] 버튼을 클릭합니다. 'Hello'가 적힌 경고창이 나타납니다.

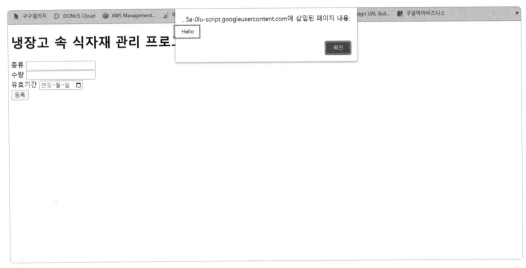

register 함수 호출하기

11.4 입력된 데이터를 앱스 스크립트로 전달하기

사용자가 입력한 데이터를 스프레드시트에 저장하는 작업을 구현하겠습니다. 사용자가 데이터를 입력하고 [등록] 버튼을 클릭하면 함수 register에서 데이터를 앱스 스크립트로 전달합니다. 그 후 해당 데이터를 시트에 저장합니다.

사용자가 [등록] 버튼을 클릭했을 때 사용자의 입력을 register에 전달하는 기능을 구현해봅시다. index.html을 다음과 같이 수정합니다. 먼저 사용자가 입력한 정보를 register에서 읽어오는 기능을 구현합니다.

```
<!DOCTYPE html>
<html>
  <head>
    <base target="_top">
    <script>
      function register(){
        let inputEl = document.getElementsByTagName("input");
        let inputData = [];
        for(element of inputEl) {
          inputData.push(element.value);
        }
        alert(inputData)
```

```
      }
    </script>
  </head>
  <body>
    <h1>냉장고 속 식자재 관리 프로그램</h1>
    <label>종류</label>
    <input type="text" name="type">
    <br>
    <label>수량</label>
    <input type="number" name="number">
    <br>
    <label>유효기간</label>
    <input type="date" name="deadline">
    <br>
    <button onclick="register()">등록</button>
  </body>
</html>
```

[등록] 버튼을 클릭하면 함수 register가 호출됩니다. register에서는 <input> 태그 안에 작성된 데이터를 가져오기 위해 document.getElementsByTagName("input")을 사용해 모든 <input> 태그에 접근할 수 있는 객체를 변수 inputEl에 저장합니다.

변수 inputEl에는 총 세 개의 <input> 태그 객체가 저장됩니다. <input> 태그 안에 작성된 데이터만 저장하기 위해 배열 inputData 변수를 선언하고 반복문을 사용해 배열의 요소로 저장합니다. 반복을 진행할 데이터 유형이 여러 개의 객체로 이루어졌다면 for of를 사용하면 편리합니다. for(element of inputEl)처럼 작성하면 반복을 실행하면 element에 inputEl에 저장된 객체가 하나씩 할당되어 element로 접근할 수 있습니다. 또한, element.value로 사용자가 작성한 값을 가져올 수 있습니다.

반드시 저장 및 실행을 한 후 테스트 배포를 진행합니다. 그렇지 않으면 제대로 된 결과가 출력되지 않습니다. 경고창에 입력한 값이 출력되는지 확인해봅시다.

사용자 입력 출력하기

사용자 입력이 함수 register 안의 inputData 배열에 제대로 저장되는 것을 확인했습니다. 이제 해당 데이터를 앱스 스크립트로 전달하는 기능을 구현해봅시다. Code.gs에서 데이터를 전달받을 함수 sendUserData를 작성합니다.

```
function doGet() {
  return HtmlService.createHtmlOutputFromFile('index');
}

function sendUserData(inputData){
  Logger.log(inputData);
}
```

sendUserData는 함수 register 안의 inputData를 넘겨받고 그대로 Logger를 이용해 출력합니다. index.html로 다시 돌아가 alert를 호출하는 대신 sendUserData를 호출하도록 변경합니다. HTML 페이지에서 앱스 스크립트 간 데이터를 전달하는 기능은 google.script.run을 통해 구현할 수 있습니다. HTML 페이지 안의 <script> 태그에서 google.script.run과 Code.gs에서 작성한 함수 이름 sendUserData를 작성하면 데이터를 전달하고 함수를 실행시킬 수 있습니다. 다음 URL에서 관련 라이브러리 기능을 확인할 수 있습니다.

URL https://developers.google.com/apps-script/guides/html/communication

단축 https://bit.ly/3y6XzCz

```
<!DOCTYPE html>
<html>
  <head>
    <base target="_top">
    <script>
      function register(){
        let inputEl = document.getElementsByTagName("input");
        let inputData = [];
        for(element of inputEl) {
          inputData.push(element.value)
        }
        google.script.run.sendUserData(inputData)
      }
    </script>
  </head>
  <body>
    <h1>냉장고 속 식자재 관리 프로그램</h1>
    <label>종류</label>
    <input type="text" name="type">
    <br>
    <label>수량</label>
    <input type="number" name="number">
    <br>
    <label>유효기간</label>
    <input type="date" name="deadline">
    <br>
    <button onclick="register()">등록</button>
  </body>
</html>
```

저장 및 실행을 한 후 테스트 배포를 합니다. 데이터를 입력하고 [등록] 버튼을 클릭해봅시다. 이번에는 경고창이 나타나지 않습니다. 정상적으로 로그가 출력되는지 확인하는 것은 앱스 스크립트 편집기에서 실행으로 옮겨 확인할 수 있습니다.

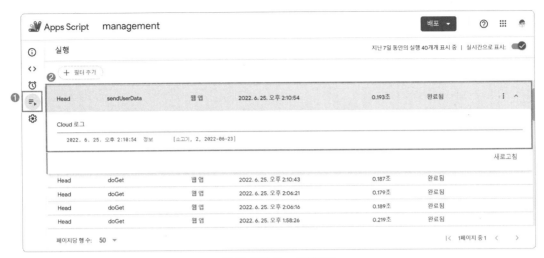

웹 앱 실행 로그 확인하기

11.5 스프레드시트에 저장하기

웹에서 전달받은 데이터를 스프레드시트에 저장하는 기능을 구현합니다. 스프레드시트에 데이터를 저장하려면 저장할 시트에 대한 접근 객체를 가져와 시트에 값을 저장하는 함수를 호출합니다. 스프레드시트에 데이터를 저장할 때는 함수 appendRow를 사용합니다. appendRow는 배열을 넘겨주면 시트의 마지막 행 다음에 데이터를 행 단위로 저장합니다. 다음과 같이 Code.gs에 작성합니다.

```
function doGet() {
  return HtmlService.createHtmlOutputFromFile('index');
}

function sendUserData(inputData){
  let ss = SpreadsheetApp.getActiveSheet();
  ss.appendRow(inputData);
}
```

SpreadsheetApp.getActiveSheet()를 호출해 현재 스프레드시트에 접근 객체를 불러온 후 appendRow를 호출합니다. 저장 및 실행한 후 테스트 배포를 합니다. 테스트를 해보면 스프레드시트에 입력한 데이터가 행 단위로 저장되는 것을 확인할 수 있습니다.

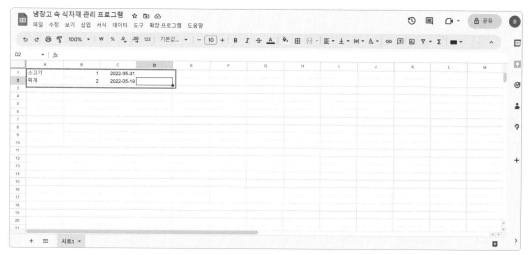

시트에 저장되는 입력 데이터 확인하기

11.6 저장 완료 통보하기

스프레드시트에 데이터가 저장됐다는 통보를 웹에 보내는 기능을 구현해봅시다. index.html 페이지에서 함수 sendUserData 호출 부분을 변경합니다.

```html
<!DOCTYPE html>
<html>
  <head>
    <base target="_top">
    <script>
      function onSuccess(){
        alert("저장 완료")
      }
      function register(){
        let inputEl = document.getElementsByTagName("input");
        let inputData = [];
        for(element of inputEl) {
          inputData.push(element.value)
        }
        google.script.run.withSuccessHandler(onSuccess).sendUserData(inputData)
      }
    </script>
  </head>
<body>
  <h1>냉장고 속 식자재 관리 프로그램</h1>
```

```
    <label>종류</label>
    <input type="text" name="type">
    <br>
    <label>수량</label>
    <input type="number" name="number">
    <br>
    <label>유효기간</label>
    <input type="date" name="deadline">
    <br>
    <button onclick="register()">등록</button>
  </body>
</html>
```

google.script.run.withSuccessHandler(onSuccess).sendUserData(inputData)에서 withSuccess
Handler가 추가되었습니다. 해당 함수는 sendUserData가 실행이 완료되면 onSuccess를 실행시키는
구문입니다. 함수 onSuccess 안에 함수 alert를 작성해 sendUserData가 완료되면 경고창에 '저장 완
료'를 표시합니다.

'저장 완료' 알림 확인하기

지금까지 웹에서 사용자의 입력을 받아 스프레드시트에 저장하는 프로그램을 구현했습니다. 사용
자에게 보여줄 화면은 HTML 파일로 작성하며 입력받고 전달할 때는 자바스크립트 언어로 google.
script.run을 사용한다는 점과 데이터를 스프레드시트에 저장할 때는 앱스 스크립트 코드로 작성해
처리한다는 점을 기억하기를 바랍니다.

CHAPTER 12

후원 문서 발행 프로그램

비영리단체에서 후원을 받을 때 필요한 서명 문서를 발행하는 프로그램을 구현해보겠습니다. 후원 기부 신청을 받으려면 후원자 정보와 서명이 있는 문서가 반드시 필요합니다. 웹 앱으로 구현해 편리하게 후원 문서를 발행하도록 구현하겠습니다. 실제로 필요한 모든 정보를 다 입력받지는 않고 후원자 이름, 주소, 연락처, 이메일과 서명 이미지만 입력받습니다.

기능은 크게 후원자 정보 입력과 사인하기 그리고 입력된 후원자 정보를 토대로 후원 문서 발행하기로 이루어져 있습니다. 후원자 정보를 입력받는 것은 냉장고 속 식자재 관리 프로그램에서 구현한 기능에 사인하는 기능이 추가되며 구글 드라이브에 사인 이미지를 저장합니다. 문서를 발행하고자 구글 문서를 템플릿으로 사용합니다. 스프레드시트에서 메뉴와 사이드바를 통해 발행하기를 원하는 행을 입력받고 문서 만드는 기능을 구현합니다.

먼저 기능별 구조와 프로세스를 살펴보겠습니다.

프로그램 동작 순서 알아보기

후원자 정보와 사인을 저장하는 동작 순서를 알아보겠습니다. URL을 통해 웹 앱에 접속한 후원자는 본인의 이름, 주소, 이메일, 연락처를 입력하고 사인을 한 후 [등록] 버튼을 클릭합니다. 이후 후원자가 작성한 정보와 사인 이미지가 앱스 스크립트 프로젝트에 전송되고 해당 정보를 스프레드시트에 저장합니다. 스프레드시트에는 이름, 주소, 이메일, 연락처, 이미지 파일 이름 형태로 저장합니다. 실제 사인 이미지는 하위 폴더인 signImg에 저장하게 됩니다.

후원자 정보 입력 과정

문서 발행 기능은 스프레드시트 메뉴와 사이드바를 활용해 실행합니다. 문서를 만들 회원의 행 번호를 입력하고 [발행] 버튼을 클릭하면 하위 폴더인 publish에 문서가 생성됩니다. 문서를 생성할 때는 구글 문서를 활용해 만들어놓은 템플릿과 구글 드라이브에 저장된 사인 이미지, 스프레드시트에 저장된 후원자 정보를 사용해 생성합니다.

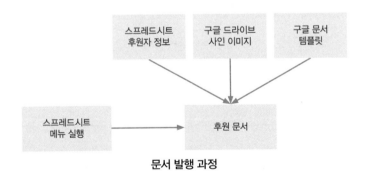

문서 발행 과정

후원자 정보 입력과 문서 발행 기능의 동작 순서를 알아봤습니다.

이제 프로젝트를 구현하기 전 폴더 구조를 만들겠습니다. 구글 드라이브로 가서 내 드라이브 ➡ + 새로 만들기를 클릭합니다. 먼저 donation이라는 폴더를 생성합니다. 해당 폴더에 후원자 정보를 저장할 스프레드시트 파일 donator를 생성합니다. donation 폴더 안에 하위 폴더로 signImg와 publish를 생성합니다. signImg 폴더에는 후원자가 서명한 이미지가 저장되며, publish 폴더에는 최종 생성된 구글 문서가 저장됩니다. template 구글 문서는 이후 만들겠습니다. 최종 폴더 구조와 파일은 다음 URL에서 확인할 수 있습니다.

URL https://bit.ly/3MENDb4

소스 파일은 다음 URL에서 확인할 수 있습니다.

URL https://bit.ly/3MhtMNS

후원자 문서 발행 프로그램의 폴더 구조

(12.2) 프로그램에서 사용하는 라이브러리

HTML을 만들고 데이터를 전달하는 HTML Service 라이브러리를 활용합니다. 그리고 구글 드라이브에 파일을 생성하고 저장하기 위해 **Drive Service 라이브러리**를 다음 URL에서 참고합니다.

URL https://developers.google.com/apps-script/reference/drive　（단축）https://bit.ly/3SJdaQP

구글 문서를 조작하기 위해 DocumentApp 라이브러리를 다음 URL에서 참고합니다.

URL https://developers.google.com/apps-script/guides/docs　（단축）https://bit.ly/3ULfcl8

스프레드시트에 메뉴와 사이드바를 추가하기 위해 스트레드시트의 **ui 라이브러리**를 다음 URL에서 참고합니다.

URL https://developers.google.com/apps-script/reference/spreadsheet/spreadsheet-app#getui

단축 https://bit.ly/3M0C1NJ

웹에서 사인 기능을 구현하는 데는 **Signature Pad 라이브러리**를 사용합니다. 해당 라이브러리는 구글에서 제공하는 것이 아닌 외부 라이브러리로 해당 라이브러리를 불러오는 과정이 필요합니다. 다음 URL을 참고합니다.

URL https://github.com/szimek/signature_pad   단축 https://bit.ly/3UURd2Y

다양한 라이브러리의 자세한 사용 방법은 구현하면서 알아봅시다.

12.3 후원자 정보 입력과 사인 이미지 처리

donator 스프레드시트 파일에서 **확장 프로그램 ➡ Apps Script**로 앱스 스크립트 프로젝트를 생성합니다. 프로젝트 이름을 'donation'으로 작성합니다.

donation 앱스 스크립트 프로젝트

사용자 입력을 받는 HTML 페이지를 작성합니다. index.html 파일을 생성하고 <html> 태그를 사용해 사용자의 이름, 주소, 이메일, 연락처를 입력할 수 있도록 합니다.

```
<!DOCTYPE html>
<html>
  <head>
    <base target="_top">
  </head>
  <body>
    <h1>후원자 문서 발행 프로그램</h1>
    <label>이름</label>
    <input type="text" name="name">
    <br>
    <label>주소</label>
    <input type="text" name="addr">
    <br>
    <label>핸드폰</label>
    <input type="tel" name="phone">
    <br>
    <label>이메일</label>
    <input type="email" name="email">
    <br>
    <button onclick="register()">등록</button>
  </body>
</html>
```

이름과 주소는 `<input>` 태그의 type을 text로 지정했습니다. 핸드폰을 tel, 이메일은 email로 type 을 지정해 어떤 유형의 값을 입력받는지 표시합니다.

이제 Code.gs에서 사용자가 접속했을 때 index.html을 전달할 수 있도록 작성해봅시다.

```
function doGet() {
  return HtmlService.createHtmlOutputFromFile('index');
}
```

함수 doGet에서 HtmlService.createHtmlOutputFromFile를 통해 처리했습니다. 앞선 과정과 같습니다. 상단의 **배포 ➡ 새 배포**를 클릭한 후 **유형 선택 ➡ 웹 앱**을 선택합니다. '설명'은 '후원자 문서 발행 프로그램'으로 작성하고 액세스 권한은 '나만'을 선택합니다. [배포]를 클릭합니다.

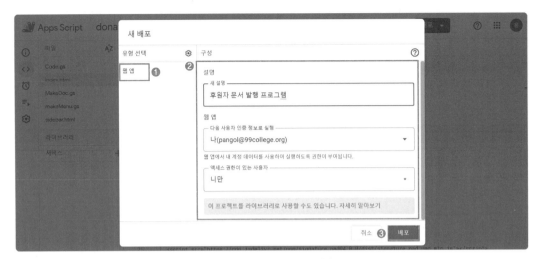

donation 프로그램 배포하기

웹 앱의 URL을 복사해 접속합니다.

배포 URL

다음과 같은 입력 화면이 나타납니다.

donation 입력 화면

사인을 입력하는 칸을 만들어보겠습니다. 사인 기능은 Signature Pad 라이브러리로 구현합니다. 이미 만들어놓은 라이브러리를 사용하면 개발 시간을 단축할 수 있어 편리합니다. Signature Pad와 관련된 정보는 다음 URL에서 확인할 수 있습니다.

URL https://github.com/szimek/signature_pad   단축 https://bit.ly/3UURd2Y

```html
<!DOCTYPE html>
<html>
  <head>
    <base target="_top">
    <style>
      canvas {border: 1px solid black;}
    </style>
  </head>
<body>
  <h1>후원자 문서 발행 프로그램</h1>
  <label>이름</label>
  <input type="text" name="name">
  <br>
  <label>주소</label>
  <input type="text" name="addr">
  <br>
  <label>핸드폰</label>
  <input type="tel" name="phone">
  <br>
  <label>이메일</label>
  <input type="email" name="email">
```

```
    <br>
    <canvas></canvas>
    <button onclick="register()">등록</button>
    <script src="https://cdn.jsdelivr.net/npm/signature_pad@4.0.0/dist/signature_pad.umd.
min.js"></script>
    <script>
      let canvas = document.querySelector("canvas");
      let signaturePad = new SignaturePad(canvas);
    </script>
    </body>
</html>
```

서명하는 칸을 만들려면 <canvas> 태그를 사용합니다. <script src="https://cdn.jsdelivr.net/npm/ signature_pad@4.0.0/dist/signature_pad.umd.min.js"></script>을 활용해 Signaure Pad 라이브러 리를 불러옵니다. HTML 파일에서 자바스크립트를 작성할 때 <script> </script>에 작성할 수도 있 지만 자바스크립트 파일을 따로 작성하고 불러오고 싶을 때는 <script src=""> </script>를 사용합 니다. 내가 만든 파일이 아닌 다른 개발자가 작성한 자바스크립트 파일이나 라이브러리를 사용하고 싶다면 해당 파일의 주소를 src 값으로 지정합니다. Signaure Pad를 사용하려면 서명을 받을 cavas 를 넘겨줘야 합니다. document.querySelector("canvas")를 활용해 canvas 태그 접근 객체를 획득하 고 new SignaurePad(canvas)를 작성해 초기화합니다.

canvas에 서명할 준비가 되었습니다. document.querySelector에서 document는 자바스크립트가 해 당 웹 페이지를 접근할 때 사용하는 이미 지정된 변수입니다. document.querySelector("canvas")는 해당 페이지에서 <canvas> 태그를 찾아 반환합니다.

<canvas> 태그가 잘 보일 수 있도록 canvas 테두리를 표시하겠습니다. <html> 태그의 디자인 요소 (색깔, 글꼴, 크기 등)를 변경할 때는 CSS 언어를 사용합니다. <head> 태그에 <style> 태그를 작성하고 canvas{ border: 1px solid black; }을 작성합니다. CSS를 작성할 때는 변경하려는 태그 이름과 변경하려고 하는 '속성: 값'의 형태로 작성합니다. 테두리를 변경하고 싶을 때는 border 속성에 1px solid black처럼 값을 입력합니다. 이제 canvas에 두께가 1px이고 직선이면서 검정색인 테두리가 표 시됩니다. 배포한 후 앱에 접속하면 테두리 안쪽 칸에 마우스 왼쪽 버튼을 누른 채로 서명이 가능합 니다.

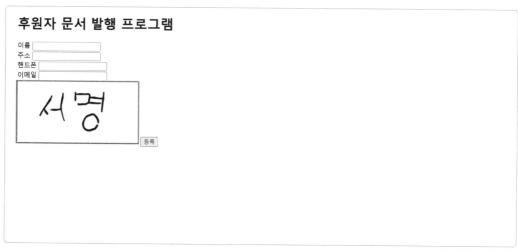

donation 서명 기능

사용자 입력 화면이 완성되었습니다. [등록] 버튼을 클릭하면 입력된 정보를 앱스 스크립트에 넘기는
기능을 구현해보겠습니다. SignaturePad를 생성하는 다음 줄에 계속 작성합니다.

```
…생략…
<script src="https://cdn.jsdelivr.net/npm/signature_pad@4.0.0/dist/signature_pad.umd.min.
js"></script>
    <script>
      let canvas = document.querySelector("canvas");
      let signaturePad = new SignaturePad(canvas);

      function register(){
        let inputData = readInputData()
        let sigPng = signaturePad.toDataURL()
        inputData.push(sigPng)
        google.script.run.withSuccessHandler(onSuccess).sendUserData(inputData)
      }

      function readInputData(){
        let inputEl = document.getElementsByTagName("input");
        let inputData = [];
        for(element of inputEl) {
          inputData.push(element.value)
        }
        return inputData
      }

      function onSuccess(){
        alert("저장 완료")
```

```
    }
  </script>
 </body>
</html>
```

<button> 태그를 클릭했을 때 실행되는 함수 register를 작성했습니다. register는 사용자가
<input> 태그에 작성한 값을 배열로 만들어 반환하는 함수 readInputData를 실행합니다. 그리고 서
명 이미지를 읽어오는 signaturePad.toDataURL() 기능을 활용해 변수 sigPng에 저장합니다. sigPng
를 inputData 배열에 추가하고 google.script.run.withSuccessHandler(onSuccess).sendUserData
(inputData)에 넘겨줍니다. 또한, 함수 onSuccess를 정의해 앱스 스크립트 실행이 완료되었을 때 수
행할 기능을 구현합니다. 앱스 스크립트 프로젝트로 이동해 Code.gs에서 전달받은 데이터를 출력할
수 있도록 함수 sendUserData도 구현합니다.

```
function doGet() {
  return HtmlService.createHtmlOutputFromFile('index');
}

function sendUserData(inputData){
  Logger.log(inputData)
}
```

앱스 스크립트를 배포한 후 사용자 정보를 입력하고 서명한 후 [등록] 버튼을 클릭합니다. 실행이 완
료되면 '저장 완료'라는 메시지 창이 나옵니다.

donation 등록 완료 화면

로그는 앱스 스크립트 실행에서 확인할 수 있습니다.

donation 로그 확인하기

이미지 파일의 경우 data:image/png;base64처럼 로그가 나온다면 정상입니다. 이미지를 전송했는데 알파벳 형태로 보여 잘못 전송된 것으로 보일 수도 있지만 이미지처럼 큰 데이터를 보낼 때는 특정 형태로 인코딩해 보내게 됩니다. 현재 사용한 인코딩 방법은 base64입니다.

앱스 스크립트로 데이터가 잘 전달되는 것을 확인했으니 해당 정보를 스프레드시트와 구글 드라이브에 저장하는 기능을 구현하겠습니다. 전달받은 이름, 주소, 핸드폰 번호, 이메일 주소는 스프레드시트에 저장하고 이미지는 구글 드라이브에 저장합니다. 먼저 스프레드시트에 저장하는 기능입니다. Code.gs에 함수 saveDataToSheet를 작성합니다.

```
function doGet() {
  return HtmlService.createHtmlOutputFromFile('index');
}

function sendUserData(inputData){
  Logger.log(inputData)
  saveDataToSheet(inputData)
}

function saveDataToSheet(userData){
  let sheet = SpreadsheetApp.getActiveSheet()
  sheet.appendRow([userData[0], userData[1], userData[2], userData[3]]);
}
```

inputData를 출력시킨 후 함수 saveDataToSheet를 호출합니다. saveDataToSheet에서는 데이터를 저장할 수 있도록 시트에 대한 접근할 수 있는 객체를 얻고 함수 appendRow에 배열 형태로 사용자 정보를 전달합니다. appendRow는 자동으로 마지막 행 다음 행에 데이터를 작성하는 함수입니다.

서명 이미지는 signImg 하위 폴더에 PNG 형태로 저장해봅시다. 해당 기능을 테스트하기 전에 반드시 signImg 폴더를 만들어주세요. 후원 문서를 발행할 때 서명 이미지를 불러올 수 있도록 스프레드시트에 파일 이름을 저장합니다. 서명 이미지 파일 이름은 '사용자이름.png' 형태로 합니다. 함수 saveImg를 작성합니다.

```
function doGet() {
  return HtmlService.createHtmlOutputFromFile('index');
}

function sendUserData(inputData){
  Logger.log(inputData)
  let imgFilePath = saveImg(inputData[4], inputData[0])
  saveDataToSheet(inputData, imgFilePath)
}

function saveDataToSheet(userData, imgFilePath){
  let sheet = SpreadsheetApp.getActiveSheet()
  sheet.appendRow([userData[0], userData[1], userData[2], userData[3], imgFilePath]);
}

function saveImg(imgData, name) {
  let encoded_image = imgData.split(",")[1]
  let decoded_image = Utilities.base64Decode(encoded_image)
  let sigImg = Utilities.newBlob(decoded_image).setName(name + ".png")

  let folder = DriveApp.getFoldersByName("signImg").next()
  folder.createFile(sigImg)
  return name + ".png"
}
```

이미지가 전달될 때는 base64로 인코딩되어 전달됩니다. 다시 이미지 파일로 되돌리려면 디코딩해주는 과정이 필요합니다. 우선 base64로 인코딩될 때 추가된 data:image/png;base64,를 제거하고 이미지 데이터만 남기고자 함수 split을 사용합니다. split은 특정 기준을 바탕으로 문자열을 배열 형태로 분리할 수 있습니다. ","를 기준으로 분리된 문자열 중에서 이미지 데이터 부분인 배열의 뒷부분 [1]을 지정한 후 encoded_image에 저장합니다.

추출한 이미지 데이터를 디코딩하기 위해 Utilities.base64Decode를 사용해 decoded_image 변수에 저장합니다. 최종적으로 이미지 파일을 생성하고자 디코딩된 문자열을 실제 데이터 파일로 만들기 위해 함수 newBlob와 이름 지정을 위한 setName을 사용해 이미지 파일 이름이 '사용자이름.png' 형태가 될 수 있도록 지정합니다.

DriveApp.getFoldersByName("signImg").next()는 이미지를 저장할 폴더 접근 객체를 얻기 위해 사용했습니다. 파일을 생성하기 위해 이미지 데이터와 함수 createFile을 호출합니다. 이후 해당 이미지 파일을 스프레드시트에 저장하기 위해 이미지 파일 이름을 name + ".png"로 작성합니다.

전달받은 파일 이름을 시트에 저장하려면 함수 saveDataToSheet를 작성합니다. 그리고 파일 이름을 전달하기 위해 imgFilePath를 추가합니다. appendRow에 imgFilePath를 추가해 최종적으로 이미지 파일 경로도 시트에 저장되도록 변경합니다.

배포해서 테스트하기 전에 시트 및 구글 드라이브에 대한 접근 승인이 필요합니다. ▶ 실행 을 클릭합니다.

배포 전 실행하기

데이터에 대한 접근 권한을 승인합니다.

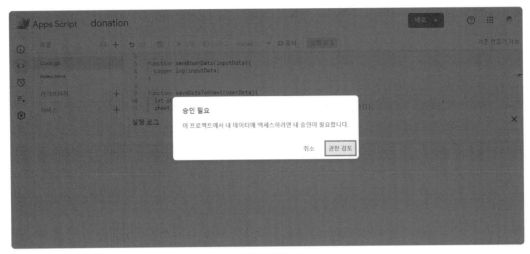

권한 승인하기

사용자가 정보와 서명을 입력하고 [등록] 버튼을 클릭하면 이미지 파일이 구글 드라이브에 저장됩니다. 이름, 주소, 핸드폰, 이메일, 이미지 파일 이름을 시트에 저장하는 기능이 구현되었습니다. 이제 스프레드시트에서 입력된 정보를 문서로 발행하는 기능을 구현해보겠습니다.

(12.4) 문서 발행하기

문서를 발행하는 기능의 동작 순서는 스프레드시트 상단 메뉴 및 사이드바에서 실행합니다. 문서 발행을 원하는 사용자의 행을 입력하고 [발행] 버튼을 클릭하면 스프레드시트와 구글 드라이브에 저장된 정보와 이미지를 불러와 이미 만들어놓은 구글 문서 템플릿에 입력해 새로운 후원자 문서를 발행하는 순서로 진행합니다.

사용할 문서 템플릿을 만들어보겠습니다. 구글 문서로 이동합니다. 제목은 'template'으로 저장합니다. 이때 유의할 점은 이름과 이미지가 들어갈 부분을 표로 만들어놓은 점입니다. 문서 생성 시 표 없는 상태에서 이미지를 넣게 되면 신청자 이름을 덮어쓰는 경우가 발생합니다. 이를 방지하고자 표로 만들었습니다. 사용자 정보로 대체될 곳에는 {name}처럼 { }를 사용해 작성합니다. 이처럼 작성하면 구글에서 제공하는 라이브러리로 쉽게 정보를 입력할 수 있습니다.

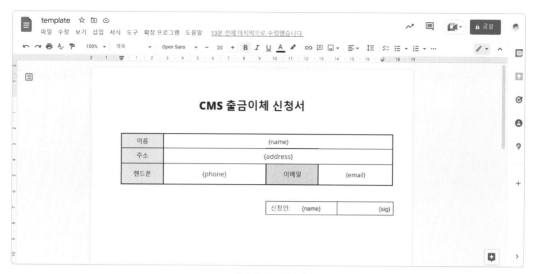

구글 문서 템플릿

앱스 스크립트 프로젝트로 이동해 스프레드시트의 첫 행에 저장된 사용자 정보를 바탕으로 문서를 만들어보겠습니다. 이후 행을 입력해 발행할 수 있도록 확장합니다.

Code.gs에 해당 기능을 구현하면 코드가 너무 길어집니다. MakeDoc.gs 파일을 만들어 분리합니다. MakeDoc.gs 파일에 함수 makeDoc을 작성합니다. makeDoc에는 스프레드시트 정보를 가져오는 함수, 구글 문서 템플릿 파일 접근 객체를 불러오는 함수, 문서를 생성하는 함수를 차례대로 작성하겠습니다. 스프레드시트 정보를 불러오는 함수 readValue를 작성하고 makeDoc에서 호출합니다.

```
function makeDoc() {
  let values = readValues(1)[0]
  Logger.log(values)
}

function readValues(startRow){
  let ss = SpreadsheetApp.getActiveSheet()
  let range = ss.getRange(startRow, 1, 1, 5)
  return range.getValues()
}
```

함수 readValues에는 정보를 가져올 행을 넘겨줍니다. 함수 getRange()로 가져올 데이터 범위를 지정한 후 getValues()로 데이터를 가져와 반환합니다. getRange는 읽어올 첫 번째 행, 행 길이, 첫 번째 열의 숫자, 가져올 열의 길이를 넘겨줍니다. 사용자가 지정한 행은 starRow로 넘겨주고 하나의 행과 다섯 개 열을 읽어옵니다. startRow, 1, 1, 5로 작성합니다. 함수 makeDoc에서 readValues(1)[0]

을 호출해 값을 불러옵니다. [0]이 붙은 이유는 readValues(1)로 반환되는 데이터 형태가 배열이며 요소가 배열을 갖는 [[ ]] 형태로 이루어져 있어 [0]을 주고 첫 번째 요소 배열을 가져왔습니다.

다음은 구글 문서 템플릿 접근 객체를 가져오는 기능을 구현하겠습니다. 함수 getTemplateFile을 작성합니다.

```
function makeDoc() {
  let values = readValues(1)[0]
  let templateDoc = getTemplateFile(values[0])
  Logger.log(templateDoc.getName())
}

function readValues(startRow){
  let ss = SpreadsheetApp.getActiveSheet()
  let range = ss.getRange(startRow, 1, 1, 5)
  return range.getValues()
}

function getTemplateFile(name){
  let sigFileNameF = 'CMS정기이체_'
  let templateFile = DriveApp.getFilesByName("template").next()
  let outputFolder = DriveApp.getFoldersByName("publish").next()
  let copiedTemplateDoc = templateFile.makeCopy(sigFileNameF + name, outputFolder)
  return copiedTemplateDoc
}
```

함수 getTemplateFile에서는 사용자 이름을 파일 이름으로 사용합니다. 사용자 이름을 name에 전달받을 수 있도록 구현합니다. 구글 문서 템플릿으로 파일을 생성하려면 먼저 템플릿 문서를 접근할 수 있는 객체를 획득해야 합니다.

getFileByName("template").next()를 통해 template 문서 파일 접근 객체를 가져와 templateFile에 저장합니다. 새로운 문서를 저장할 폴더를 지정하기 위해 publish 폴더 접근 객체를 불러옵니다. getFoldersByNam("publish").next()를 사용합니다.

이제 템플릿 파일 접근 객체로 같은 파일을 복사 및 생성합니다. 함수 makeCopy()를 사용하고 첫 번째로 파일 이름을, 두 번째로 저장할 폴더를 지정합니다. 파일 이름은 sigFileNameF 변수에 저장된 문자열과 사용자 이름을 붙여진 값 'CMS정기이체_이름' 형태로 생성되고 publish 폴더에 문서가 생성됩니다.

복사 생성된 파일 접근 객체가 반환되어 templateDoc 변수에 저장되고 getName()를 호출해서 만들어진 파일의 이름을 확인할 수 있습니다. publish 폴더로 이동해서 생성된 문서를 열어보면 템플릿 문서와 같은 내용이 작성된 것을 확인할 수 있습니다.

구글 문서 템플릿 복사하기

사용자 정보와 구글 템플릿 문서의 복사가 완료되었으니 두 정보를 활용해 사용자 정보를 만들어진 문서에 입력하는 기능을 구현하겠습니다. 함수 createDoc을 작성합니다.

```
…생략…
function createDoc(values, copiedTemplateDoc){
  let docId = copiedTemplateDoc.getId();
  let doc = DocumentApp.openById(docId);

  let body = doc.getBody();
  let signImg = readSignImg(values[0])
  doc.saveAndClose()
}

function readSignImg(name){
  return DriveApp.getFilesByName(name + ".png").next().getBlob()
}
```

함수 createDoc에서는 새로 생성된 파일에 텍스트와 사진을 입력할 수 있도록 DocumentApp이 조작할 수 있도록 변경해야 합니다. createDoc에는 첫 번째 사용자 정보, 두 번째로 새로 생성된 파일 접근 객체를 넘겨줍니다.

파일을 DocumentApp으로 조작하려면 해당 파일의 ID 값을 통해 가능합니다. 함수 getId()를 호출해 파일의 ID 값을 docId 변수에 저장하고 Document 접근 객체를 DocumentApp.openById(docId)를 사용해 doc 변수에 저장합니다. 문서를 조작하기 위해 함수 getBody()를 호출해서 본문에 대한 접근 객체를 body에 저장합니다.

서명 이미지를 얻기 위해 함수 readSignImg를 작성하고 사용자 이름을 넘겨줍니다. readSignImg에서는 파일 이름을 통해 접근 객체를 얻고 실제 이미지 데이터를 반환해줍니다. getFilesByName().next()를 통해 파일 접근 객체를 획득하고 getBlob()를 호출해 실제 파일 데이터를 가져옵니다.

새로 생성된 문서의 데이터를 사용자 정보로 치환하기 위해 함수 replaceDoc을 작성하고 문서의 body와 사용자 정보를 넘겨줍니다.

```javascript
function makeDoc() {
  let values = readValues(1)[0]
  let templateDoc = getTemplateFile(values[0])
  createDoc(values, templateDoc)
}

function readValues(startRow){
  let ss = SpreadsheetApp.getActiveSheet()
  let range = ss.getRange(startRow, 1, 1, 5)
  return range.getValues()
}

function getTemplateFile(name){
  let sigFileNameF = 'CMS정기이체_'
  let templateFile = DriveApp.getFilesByName("template").next()
  let outputFolder = DriveApp.getFoldersByName("publish").next()
  let copiedTemplateDoc = templateFile.makeCopy(sigFileNameF + name, outputFolder)
  return copiedTemplateDoc
}

function createDoc(values, copiedTemplateDoc){
  let docId = copiedTemplateDoc.getId();
  let doc = DocumentApp.openById(docId);

  let body = doc.getBody();
  let signImg = readSignImg(values[0])
  replaceDoc(body, values)
  doc.saveAndClose()
}

function readSignImg(name){
```

```
    return DriveApp.getFilesByName(name + ".png").next().getBlob()
}

function replaceDoc(body, values){
  body.replaceText('{name}', values[0]);
  body.replaceText('{address}', values[1]);
  body.replaceText('{phone}', values[2]);
  body.replaceText('{email}', values[3]);
}
```

함수 replaceDoc에서는 변경하고 싶은 곳을 replaceText('{name}', values[0])와 같은 형식으로 작성합니다. 함수 replacText에는 첫 번째 템플릿에서 작성한 변경하고 싶은 { }가 들어간 텍스트, 두 번째는 실제 값을 작성합니다. 구글 문서에서 {name} 형태로 작성하면 함수 replaceText로 값을 쉽게 변경할 수 있습니다.

이미지는 replacText를 사용할 수 없습니다. 직접 함수를 만들어줍니다. 함수 replaceTextToImage를 작성합니다.

```
…생략…
function createDoc(values, copiedTemplateDoc){
  let docId = copiedTemplateDoc.getId();
  let doc = DocumentApp.openById(docId);

  let body = doc.getBody();
  let signImg = readSignImg(values[0])
  replaceDoc(body, values)
  replaceTextToImage(body, "{sig}", signImg)
  doc.saveAndClose()
}

function readSignImg(name){
  return DriveApp.getFilesByName(name + ".png").next().getBlob()
}

function replaceDoc(body, values){
  body.replaceText('{name}', values[0]);
  body.replaceText('{address}', values[1]);
  body.replaceText('{phone}', values[2]);
  body.replaceText('{email}', values[3]);
}

function replaceTextToImage(body, searchText, image) {
  let width = 150
```

```
    let next = body.findText(searchText)

    let r = next.getElement()
    r.asText().setText("")

    let img = r.getParent().asParagraph().addPositionedImage(image)
    let w = img.getWidth()
    let h = img.getHeight()
    img.setWidth(width)
    img.setHeight(width * h / w)
}
```

함수 replaceTextToImage는 이미지를 입력할 위치 {sig}가 표시된 곳을 찾은 후 이미지 삽입 함수를 호출해 구현합니다. replaceTextToImage에 본문 body와 사인 이미지 텍스트인 {sig}, 실제 이미지 데이터를 넘겨줍니다. body.findText(searchText)로 문서에 {sig}가 위치한 곳을 next 변수에 저장합니다. 직접 글씨를 조작하기 위해 함수 getElement()를 통해 해당 글씨에 접근할 수 있는 객체를 획득합니다. asText().setText("")로 {sig} 글씨를 지웁니다.

글씨가 지워졌으면 이제 이미지를 삽입합니다. 이미지를 삽입하려면 Paragraph 객체가 필요합니다. 현재는 Text Element이므로 함수 getParent().asParagraph()를 호출해 Paragraph 객체를 획득하고 addPositionedImage(image)를 통해 서명 이미지를 추가합니다.

서명 이미지의 크기 조정은 setWidth()를 사용합니다. 실제 이미지 비율을 유지하고자 setHeight (width * h / w)를 작성합니다. 함수 createDoc에서 마지막으로 doc.saveAndClose()를 통해 문서를 저장하고 닫아줍니다. 함수 makeDoc()을 실행하면 publish 폴더에 사용자 정보와 서명 이미지가 들어간 문서가 생성된 것을 확인할 수 있습니다.

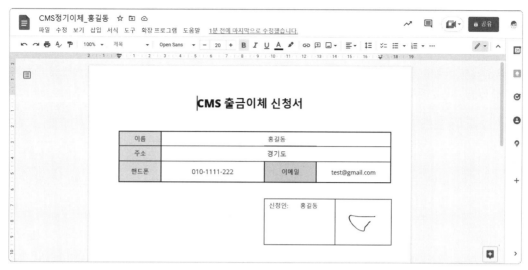

생성된 후원자 문서

문서 발행 기능의 구현이 완료되었습니다. 스프레드시트 메뉴로 원하는 행을 입력하면 문서 발행 기능이 작동할 수 있도록 구현합니다.

스프레드시트 상단 메뉴에 CMS 문서 발행 메뉴를 추가해보겠습니다. 앱스 스크립트 프로젝트에서 새로운 makeMenu.gs를 생성합니다. **+** ➡ **스크립트**를 선택합니다. 스크립트 이름을 'makeMenu'로 합니다. 스프레드시트 파일을 열 때 메뉴가 추가되도록 함수 onOpen을 작성해야 합니다.

```
function onOpen() {
  SpreadsheetApp.getUi()
    .createMenu('CMS문서발행')
    .addItem('실행', 'showSidebar')
    .addToUi();
}
```

함수 onOpen에서는 SpreadsheetApp 객체로 메뉴를 추가합니다. 함수 getUi()를 호출해 UI에 대한 접근을 획득하고 createMenu("CMS문서발행")을 작성해 상단 메뉴에 표시합니다. addItem("실행","showSidebar")로 하단 메뉴를 만들고 실행을 클릭했을 때 호출할 함수 showSidebar를 작성합니다. 마지막으로 addToUi()를 호출해 메뉴 추가를 마무리합니다.

앱스 스크립트 프로젝트에서 실행할 함수를 onOpen으로 지정하고 실행한 후 권한 승인을 합니다. 스프레드시트로 이동하면 'CMS문서발행'이 메뉴로 추가되었습니다.

메뉴 추가하기

CMS문서발행 ➡ 실행을 클릭하면 오른쪽에 사이드바가 생성되고 행을 입력할 수 있는 페이지가 나오도록 만들겠습니다. '실행'을 선택했을 때 showSideBar가 호출되도록 작성했습니다. 함수 showSideBar에서 해당 기능을 구현합니다. 사이드바에서 사용자 입력을 할 수 있는 페이지를 만들려면 추가로 HTML 페이지가 필요합니다. + ➡ HTML을 선택한 후 이름을 'sidebar'로 지정해 sidebar. html 파일을 새로 생성합니다.

```html
<!DOCTYPE html>
<html>
  <head>
    <base target="_top">
  </head>
  <body>
    <h1>Hello SideBar</h1>
  </body>
</html>
```

간단하게 사이드바가 표시되는지 확인만 하고자 `<h1>Hello SideBar</h1>`만 작성하였습니다. makeMenu.gs에 함수 showSideBar에 sidebar.html을 불러오는 코드를 작성합니다.

```
function onOpen() {
  SpreadsheetApp.getUi()
    .createMenu('CMS문서발행')
    .addItem('실행', 'showSidebar')
    .addToUi();
```

```
}

function showSidebar(){
  let html = HtmlService.createHtmlOutputFromFile('sidebar').setTitle('CMS 정기이체 설정하기');
  SpreadsheetApp.getUi().showSidebar(html);
}
```

createHtmlOutputFromFile('sidebar')를 통해 showSidebar에 넘겨줄 html 객체를 만듭니다. 또한, setTitle을 통해 사이드바의 제목을 설정하고 html 변수에 저장합니다. 저장된 변수 html은 SpreadsheetApp.getUi().showSidebar(html)로 작성하면 사이드바에 'Hello SideBar' 문구가 나타나는 것을 확인할 수 있습니다.

사이드바가 제대로 표시되는지 확인하기

사이드바가 표시되는 것을 확인했으니 행을 입력받고 '실행' 버튼을 추가해 입력받은 행을 메시지 창에 띄우는 것까지 구현해봅시다. sidebar.html에 작성합니다.

```
<!DOCTYPE html>
<html>
  <head>
    <base target="_top">
  </head>
  <body>
    <label>발행할 행</label>
    <input type="number" name="row">
    <br>
```

```
    <button onclick="run()">실행</button>
    <script>
      function run(){
        let inputEl = document.getElementsByTagName("input");
        let row = inputEl[0].value
        alert(row)
      }
    </script>
  </body>
</html>
```

<input> 태그로 행을 입력받고 [실행] 버튼을 클릭하면 함수 run이 실행됩니다. 함수 run에는 input
태그에 작성된 값을 읽어와 alert를 호출합니다. 메시지창에 입력한 값이 보이는지 확인해봅시다.

사이드바에 입력한 후 메시지창 확인하기

입력한 값이 창에 제대로 보이는지 확인했다면 함수 run을 makeDoc.gs에서 작성한 함수 makeDoc을
호출하게 변경합니다. 최종적으로 문서가 발행되도록 구현해봅시다. sidebar.html에 작성합니다.

```
<!DOCTYPE html>
<html>
  <head>
    <base target="_top">
  </head>
  <body>
    <label>발행할 행</label>
    <input type="number" name="row">
```

```
    <br>
    <button onclick="run()">실행</button>
    <script>
      function run(){
        let inputEl = document.getElementsByTagName("input");
        let row = inputEl[0].value
        google.script.run.withSuccessHandler(onSuccess).makeDoc(row)
      }

      function onSuccess(){
        alert("저장 완료")
      }

    </script>
  </body>
</html>
```

함수 google.script.run.withSuccessHandler(onSuccess).makeDoc(row)를 호출해 미리 구현한 함수 makeDoc을 호출하고 호출이 성공됐을 때를 알고자 onSuccess를 구현합니다. 마지막으로 makeDoc. gs 파일을 수정하겠습니다. 함수 makeDoc이 row 값을 전달받을 수 있도록 변경합니다. **+ ➡ 스크립트**를 선택한 후 makeDoc.gs를 추가하고 다음과 같이 변경합니다.

```
function makeDoc(startRow) {
  let values = readValues(startRow)[0]
  let templateDoc = getTemplateFile(values[0])
  createDoc(values, templateDoc)
}

function readValues(startRow){
  let ss = SpreadsheetApp.getActiveSheet()
  let range = ss.getRange(startRow, 1, 1, 5)
  return range.getValues()
}
```

makeDoc에서 startRow를 추가해 데이터를 전달받도록 처리하고 함수 readValues를 호출할 때 해당 값을 넘겨줘 원하는 행의 정보를 읽어올 수 있도록 했습니다. makeMenu.gs 파일로 이동하고 함수 onOpen을 실행한 후 스프레드시트로 넘어가 사이드바를 표시합니다.

'발행할 행'에 1을 입력하고 [실행] 버튼을 클릭합니다. 완료 메시지가 출력됩니다.

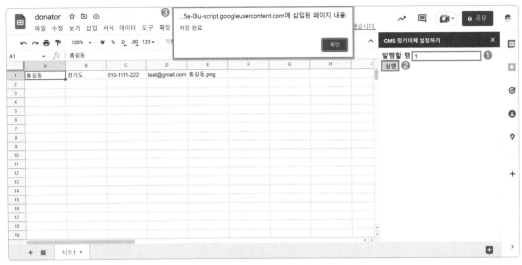

실행 완료 화면

publish 폴더로 이동해 문서가 발행됐는지 확인해봅시다.

문서 발행 화면

후원 문서 발행 프로그램의 구현이 완료되었습니다. 사용자에게 이미지를 입력받는 것부터 시작해 템플릿을 이용해 문서를 만드는 방법과 스프레드시트 메뉴를 생성하는 방법까지 알아봤습니다. 해당 기능을 구현하면서 구글에서 제공하는 라이브러리를 많이 사용한다는 사실을 알았을 겁니다. 앱스 스크립트로 프로그램을 구현할 때는 앱스 스크립트 라이브러리 매뉴얼을 잘 찾고 사용 방법 또한 익숙해져야 합니다. 라이브러리 매뉴얼을 볼 때는 함수를 사용할 때 몇 개의 데이터를 입력해야 하며 어떤 형태여야 하는지 그리고 반환되는 데이터 형태에 주의하기를 바랍니다.

마치며

스프레드시트의 기본 사용 방법부터 프로그래밍 기본 개념, 앱스 스크립트 사용 방법, 라이브러리, 작은 규모로 개발해 확장하는 프로그래밍 방법론까지 한정된 지면에 모두 담고자 노력했습니다. 여기까지 따라오느라 수고하셨습니다. 앞으로 프로그램을 만들 때 이 책에서 진행한 방법처럼 작은 단위부터 구현하고 정상적으로 동작하는지 확인하면서 점점 확장하는 방식으로 진행한다면 여러분이 원하는 프로그램을 더 쉽게 구현할 수 있을 것입니다. 실제로 사용할 수 있는 프로그램을 만드는 데 도움이 되기를 바랍니다.